Klassische Form
japanischer Blumenkunst
RIKKA

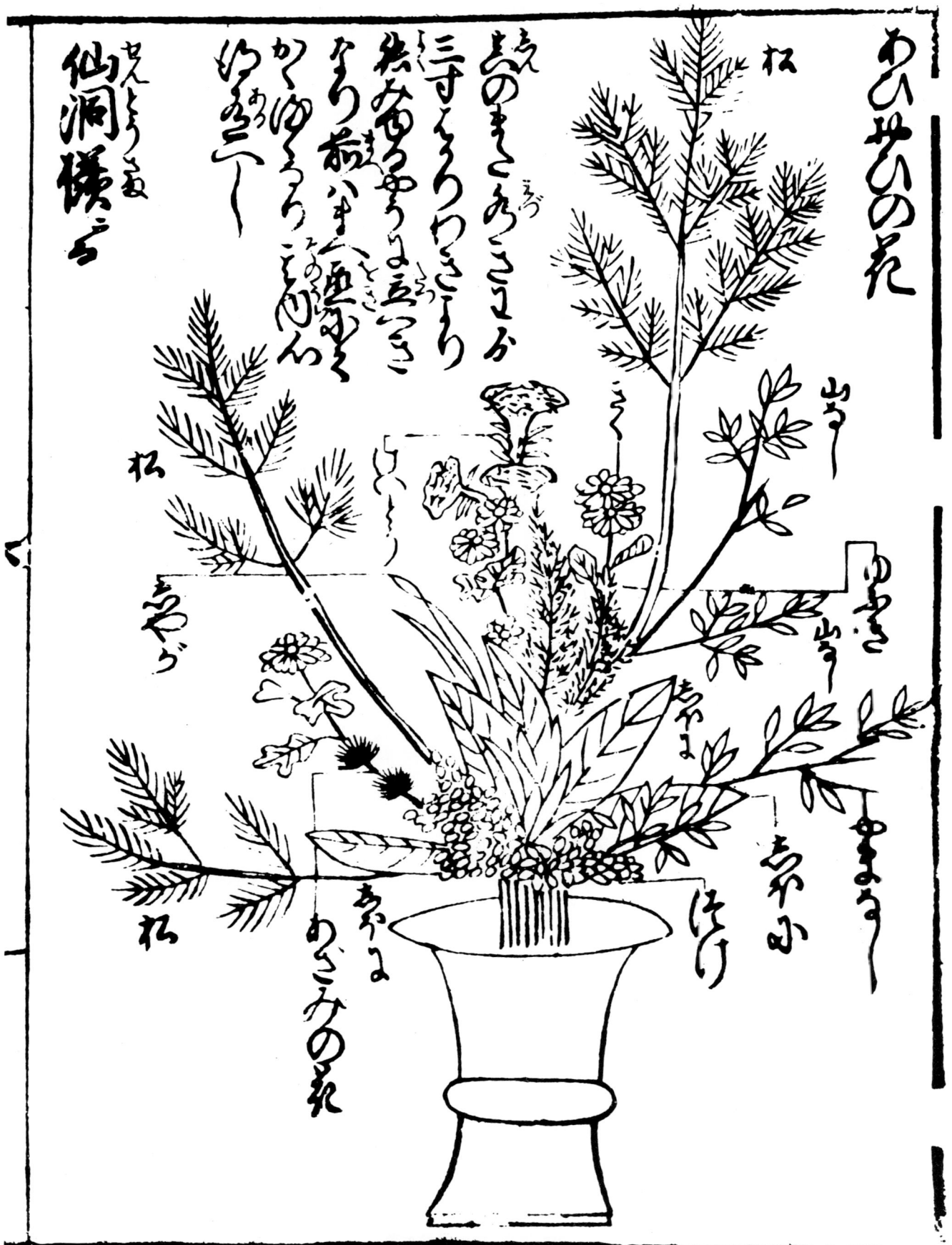

RIKKA

Klassische Form
japanischer Blumenkunst

Von Yuchiku Fujiwara
Ins Deutsche übertragen und bearbeitet
von Ayako Graefe

Verlag Eugen Ulmer Stuttgart

CIP-Kurztitelaufnahme der Deutschen Bibliothek

Fujiwara, Yuchiku:
Rikka: klassische Form japanischer Blumenkunst /
Yuchiku Fujiwara. Ins Deutsche übertr. u. bearb.
von Ayako Graefe. - Stuttgart: Ulmer, 1985.
  Einheitssacht.: Rikka
  ISBN 3-8001-6120-6

NE: Graefe, Ayako [Bearb.]

Titel der japanischen und englischen
Ausgabe: Rikka
erschienen 1976 bei
Shufunotomo Co., Ltd. Tokyo

© Deutsche Ausgabe 1985
Eugen Ulmer GmbH & Co.
Wollgrasweg 41, 7000 Stuttgart 70 (Hohenheim)
Printed in Japan
Schutzumschlag: Alfred Krugmann
Satz: Typobauer Filmsatz GmbH, Scharnhausen
Druck und Bindung: Shufunotomo Co., Ltd.

Vorwort

Alle Naturliebhaber lernen – vielleicht oft unbewußt – die harmonische Ordnung zu schätzen, die sich in lebenden Pflanzen ausdrückt. Solche Ordnung ist ein grundlegendes Element auch für Ikebana.

Der Ikebana-Schüler muß deshalb die Natur und ihre Formen genau studieren und ihre Ordnung und Harmonie in seinem Werk wiedergeben. Man soll die Schönheit der Natur durch seine künstlerische Fähigkeit erheben. Das ist der Sinn des Ikebana. Durch Entfernung, Betonung und Änderung der verschiedenen Aspekte des natürlichen Wesens wird eine neue Schöpfung geboren, und durch die Zusammenstellung von solchen schönen Teilen von Blumen und Zweigen – manchmal im Kontrast, manchmal in Harmonie – in einem kleinen Gefäß wird ein Rikka-Arrangement gestaltet, das die große, grandiose Natur darstellt.

Rikka ist eine klassische Form des Ikebana und hat auf alle übrigen Stilarten einen großen Einfluß ausgeübt. Es ist eine der großartigen traditionellen Künste Japans und wird bestimmt in der ganzen Welt Anklang finden.

Ikenobo Senei
der 45. Leiter der Ikenobo-Schule

Das Buch »Rikka« wurde im japanischen Original 1967 von Fujiwara Yuchiku, einem der größten Rikka-Meister dieses Jahrhunderts, geschrieben. Er hat alle in diesem Buch gezeigten Arrangements angefertigt.

Der bekannte Ikebana-Meister, Norman Sparnon, hat 1976 eine englische, in wesentlichen Teilen gekürzte Fassung des Buches herausgegeben.

Für die deutsche Ausgabe habe ich sowohl das Original als auch die englische Fassung verwendet. Darüber hinaus habe ich Begriffe erläutert, den Stoff erweitert und auch Teile des Textes in eine verständlichere Reihenfolge gebracht. Dabei habe ich mich besonders an anderen Büchern von Fujiwara Yuchiku, »Rikka-Nyumon« und »Ikenobo no Ikebana« sowie an verschiedenen klassischen Werken der Rikka-Literatur orientiert, um die geistigen und künstlerischen Grundlagen sowie die richtige Bedeutung dieses klassischen Stils in den deutschsprachigen Kulturkreis übertragen zu können.

Bei den deutschen Fachausdrücken habe ich mich an meinem eigenen Buch orientiert (»Das Ikebana-Buch«, Verlag Eugen Ulmer, Stuttgart 1982), in dem die Begriffe und ihr kultureller und philosophischer Sinngehalt im einzelnen erklärt sind.

Die Transliteration japanischer Wörter orientiert sich am Hepburn-System, allerdings wird auf die besondere Kennzeichnung langer Vokale verzichtet. Anstelle von Tōkyō wird also einfach Tokyo geschrieben. Bei japanischen Personennamen wird entsprechend der japanischen Gepflogenheit stets der Familienname vor dem Rufnamen angegeben.

Bei Pflanzennamen wird der lateinische Name nur dann angegeben, wenn der deutsche Name allein zu Mißverständnissen Anlaß geben könnte, oder wenn es sich um eine in Deutschland weniger bekannte Pflanzenart handelt.

Ich freue mich, daß der klassische Rikka-Stil des Ikebana soviel Interesse bei deutschen Ikebana-Schülern gefunden hat und hoffe, daß das Buch sie zu einer Vertiefung dieses Interesses anregen wird und daß es zu einer weiteren Verbreitung des Rikka beitragen möge.

Ottobrunn bei München, Herbst 1984
Ayako Graefe (Seiiku)

Inhalt

立華とはどういうものか

WAS IST RIKKA?

Geist des Rikka

Rikka, ein Stil des Ikebana, hat sich aus der alten japanischen Sitte des Blumenopfers für die buddhistischen oder shintoistischen Gottheiten entwickelt. Die Gläubigen brachten Blumen und Zweige in den Tempel oder in den Schrein und stellten sie vor den Altären auf, um ihre Verehrung und Anbetung auszudrücken.

In alten Zeiten bestand der Opfergegenstand aus drei Elementen: Weihrauch, Kerze und Blumen. Der Weihrauch diente als Speise für die Gottheit und die Toten, die Kerze als Wiederspiegelung des Universums und die Blumen als Ausdruck der Bewunderung für den Absoluten und den Allmächtigen. Regelmäßig wurden das Räuchergefäß in der Mitte und an jeder Seite je eine Blumenvase und ein Kerzenständer symmetrisch aufgestellt. Diese Anordnung wurde Gogusoku (fünfteilige Anordnung) oder Morokazari (vollständige Anordnung) genannt (Abbildung 1, links).

Die fünfteilige Anordnung wurde später zur dreiteiligen Anordnung vereinfacht, in der eine Blumenvase links, ein Räuchergefäß in der Mitte und ein Kerzenständer rechts aufgestellt wurden. Diese nennt man Mitsugusoku (dreiteilige Anordnung, Abbildung 1, rechts).

Schon damals gab es Regeln für das Blumenstecken in dieser Vase. Nach der Überlieferung sollen die Blumen in einer dreiteiligen Anordnung anderthalb mal so hoch sein wie das Gefäß. Solche Blumen wurden damals (im 15. Jahrhundert) unter dem Namen Tatebana bekannt; dies ist der unmittelbare Vorgänger des Rikka.

Obwohl das Wort Rikka sich erst später (im 17. Jahrhundert) eingebürgert hat, waren der Geist und die Form des Rikka zum großen Teil schon beim Tatebana vorhanden. Da sowohl Tatebana als auch Rikka »stehende Blumen« bedeutet, wird Tatebana von manchen auch Rikka genannt, obwohl die beiden Wörter im geschichtlichen Sinne auseinandergehalten werden sollten.

Im Sennokuden, einer der ältesten überlieferten Schriften (1542), sagte der Autor, Ikenobo Senno:

»Es hat immer eine Sitte des Blumensteckens gegeben, aber das Blumenstecken dieser neuen Richtung (nämlich der Tatebana-Stil) rekonstruiert die große Naturlandschaft mit Flüssen und Bergen mit zahlreichen kleinen Zweigen...«. Dieser neue Gesichtspunkt war ein Wendepunkt für die Entwicklung des Blumensteckens zur selbständigen Kunst. Auf die beim Blumenopfer üblich gewesene Symmetrie wurde nun verzichtet, und eine Reihe von künstlerischen Regeln über die Form, die Wirkung, die Würde und die Umgebung des Arrangements wurde entwickelt.

Das Buch Sennokuden vergleicht das Blumenstecken auch mit chinesischen Landschaftsmalereien und Gärten, die der Anziehungspunkt aller Künstler damaliger Zeit waren und behauptet, daß die Blumenkunst ihnen vorzuziehen sei, weil sie die verschiedenen Aspekte der Natur mit wenig Wasser und kleinen Zweigen in wenigen Minuten ausdrücken könne – wie die Zauberkunst des Eremiten.

Senno weist außerdem darauf hin, daß auch Buddha ständig in seinen Heiligen Schriften, vom ersten Kegon- bis zum letzten Hokke-Sutra, auf die enge Verbindung zwischen Blumen und Menschen aufmerksam gemacht hat: »Pflanzen dienen zur geistigen Erweckung und Erleuchtung des Menschen.« Der Meister Senno fügt hinzu: »Die Tatsache, daß viele Pflanzen im Winter welken, zeigt das Gesetz des Aufstiegs und Niedergangs des Lebewesens, während Kiefer und Zeder, wenn sie selbst im Winter ihre Farben nicht ändern, die Unveränderlichkeit der Wahrheit andeuten.« Schließlich sagt der Meister: »Man sollte nicht nur die Blumen behaglich betrachten und ihre Veränderung in den Jahreszeiten genießen, sondern durch Beobachtung des Abfallens von Blüten und Blättern das Wesen der Natur verstehen und den Weg zur geistigen Erleuchtung finden.«

So erklärt das Buch den Geist des Rikka. »Sennokuden« kann als Unabhängigkeitserklärung des Blumen-Wegs betrachtet werden.

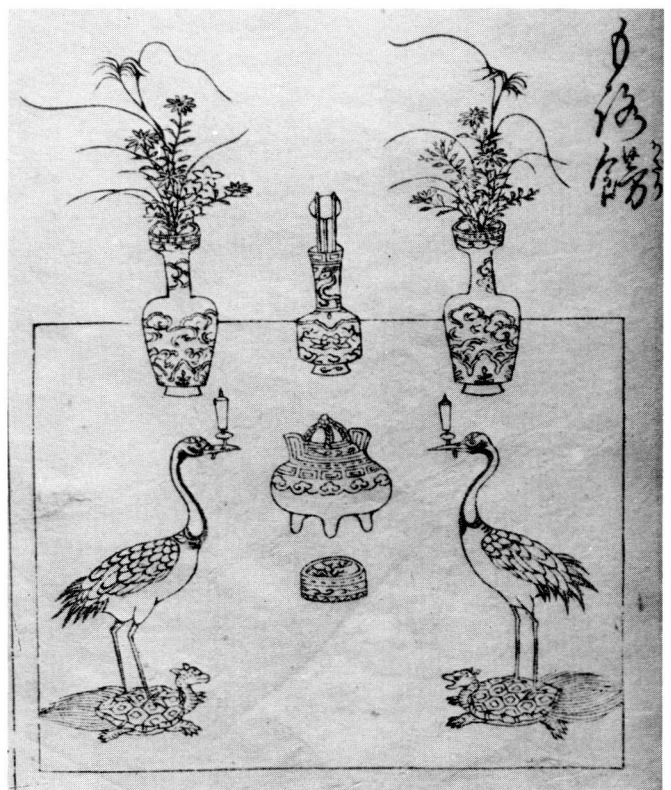 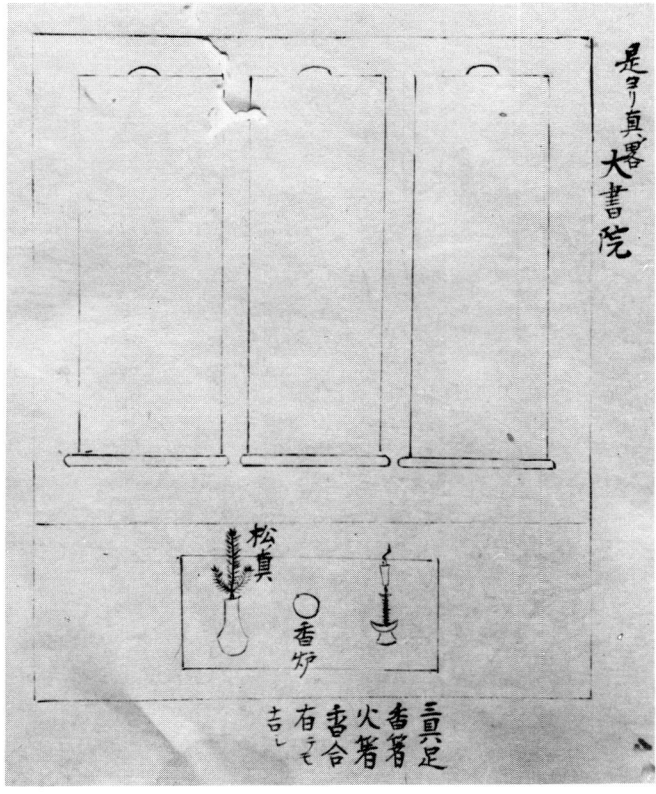

Abb. 1 Fünfteilige Anordnung (links). Räuchergarnitur (Behälter für Weihrauch, Räuchergefäß und Ständer für Hilfsmittel) in der Mitte. Links eine Vase mit rechtsseitigem Arrangement und ein Kerzenständer in Form eines nach rechts schauenden Kranichs. Rechts eine Vase mit links-seitigem Arrangement und ein Kerzenständer in Form eines nach links schauenden Kranichs.
(Aus dem Buch »Geheimnis der Räucherwegs«)

Dreiteilige Anordnung (rechts). Räuchergefäß in der Mitte, links Blumen in Vase und rechts ein Kerzenständer. Behälter für Weihrauch und Ständer für Hilfsmittel können dazugestellt werden. Dahinter hängen drei Rollbilder. (Aus dem Manuskript »Geheimnisse der Einrichtung einer Halle«)

Formen des Rikka

Rikka als architektonische Form

Rikka wurde manchmal »Marubana« (runde Blumen) genannt. In der Tat hat dieser Stil einen kreisförmigen Umriß, während andere Stilarten des Ikebana mehr oder weniger in Dreieckform aufgebaut werden.

Alle Aufbaupflanzen beim Rikka breiten sich von der Mittelachse aus nach allen Richtungen hin unter einem Winkel von etwa 45 Grad aus; sie werden strahlenförmig und dreidimensional innerhalb einer gedachten Kugel von bestimmter Höhe, Breite und Tiefe arrangiert (Abbildung 2).

In anderen Worten ist Rikka eine architektonische Kunst; Rikka-Arrangements werden eher gebaut als gesteckt. Bei der Gestaltung muß man deshalb besonders die architektonischen Gesichtspunkte beachten. je größer der Umfang und die Form eines Arrangements werden, desto mehr Gedanken muß man sich über die Regeln der Architektur machen, um die verwendeten Materialien fest zusammenzuhalten.

Rikka gehört zu der höchst entwickelten Form der Kunst. Die einzelnen Regeln für die Aufbaupflanzen werden in Kapitel 2 zusammengefaßt.

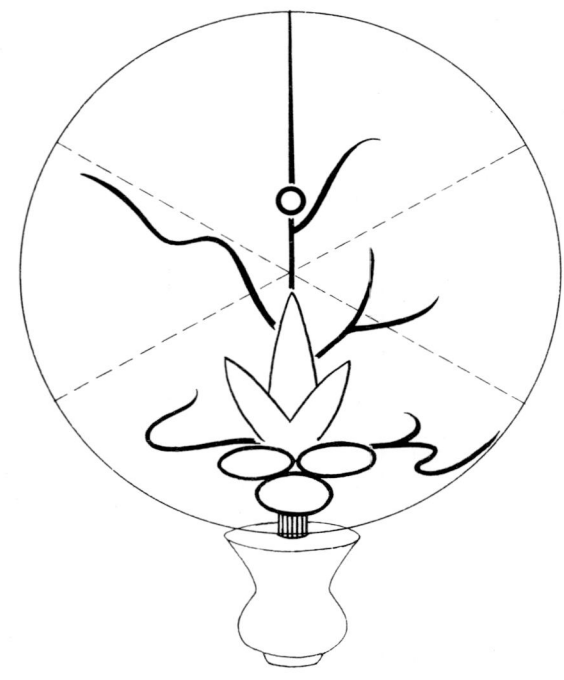

Abb. 2 Dreidimensionale Rikka-Form und die (gedachte) umhüllende Kugel.

Natürliche und künstliche Aufbauform

Es gibt zwei technisch unterschiedliche Aufbaumethoden des Rikka, die heute von Bedeutung sind: Ubudate und Mikizukuri.

Beim Ubudate wird das Arrangement ganz mit natürlichen Zweigen und Blumen gestaltet. Mikizukuri dagegen verwendet ein Grundgerüst aus kahlen Ästen, an dem die natürlichen Triebe und Blätter befestigt sind.

»Rikka verwendet vielerlei Zweige« lautet die Ikenobo-Überlieferung; eine große Menge von Materialien ist bei diesem Stil erforderlich. Die andere Bezeichnung des Rikka »Marubana« (runde Blu-

men) weist nicht nur auf eine Kugelform sondern auch auf eine Fülle von Materialien hin.

Rikka hat sich als Kunstrichtung vor allem durch Bemühungen vieler Meister der Ikenobo-Familie allmählich aus dem Tatebana entwickelt. Bedeutende Ikenobo-Meister, die zur Entwicklung dieses Stils beigetragen haben, waren der 12. Leiter der Ikenobo-Schule, Sengyo (15. Jh.), der 28. Leiter, Senno (16. Jh.), der 30. Leiter, Senei (16. Jh.) und der 35. Leiter, Senko II (17. Jh.). Die Vollendung des Rikka-Stils soll jedoch Senko II erreicht haben. 1683 hat ein begabter Schüler des Senko II, Juichiya Taemon, die Lehre seines Lehrers im »Rikka Taizen« (Das vollständige Rikka-Werk) geschrieben, in dem er Einzelheiten der verschiedenen Prinzipien und Formen des Rikka-Stils dargestellt hat.

Nach den Zeichnungen in diesem Buch scheint es, daß bis zu der Zeit des Senko II die Ubudate-Methode (natürlicher Aufbau) im allgemeinen üblich war. Geschichtlich ist es noch unklar, wann die Mikizukuri-Methode (künstlicher Aufbau) erfunden wurde; verschiedene Quellen deuten jedoch darauf hin, daß das Mikizukuri erst in der Zeit des 40. Leiters, Ikenobo Senjo (1769–1832), entwickelt wurde.

Der Vorgänger des Rikka (d.h. Tatebana) wurde nur auf Altären aufgestellt und hatte deshalb eine begrenzte Formenvielfalt; damals wurden Arrangements nur im natürlichen Ubudate aufgebaut. Aber als Rikka-Arrangements auch größere Räume schmücken sollten, war es notwendig, ihnen Volumen und Dreidimensionalität zu verleihen. In der Zeit des Meisters Senjo gab es häufig Blumen-Feste, die etwa heutigen Ikebana-Ausstellungen entsprachen. Für solche Gelegenheiten war eine kreative Aufbaumethode erforderlich. So wurde die künstliche Mikizukuri-Methode entwickelt. Senjo war übrigens auch ein begabter Maler, ein Schüler des berühmten Meisters Ganku (1749/56–1838). Mit den Augen des Malers und mit kühnen und einfallsreichen Mikizukuri-Techniken, die dem Arrangement Volumen und Gewicht gaben, bemühte er sich, dem Rikka frischen Glanz und neue Würde zu verleihen.

Der Übergang vom Ubudate zum Mikizukuri und die zunehmende Bevorzugung des letzteren trug natürlich zur Fortentwicklung des Rikka bei, führte aber auch zu neuen Schwierigkeiten. Bei der klassischen Ubudate-Methode wurde die Richtung des Shin (Hauptstiel) frei gewählt, solange er das Gleichgewicht des Arrangements hielt (Abbildung 3), bei der neuen Mikizukuri-Methode dagegen befindet sich die Spitze des Shin immer in der Mittellinie des Arrangements (Abbildung 4). Beim Ubudate gab es in der Tat mehr Freiheit, und es war möglich, dem Arrangement mehr Bewegung zu verleihen, während diese Möglichkeit beim Mikizukuri, schon wegen der festen Gestaltungsregel für den Shin, sehr begrenzt war, was schließlich zu einer Monotonie der Rikka-Form führte. Das war eine unerwartete Auswirkung der Mikizukuri-Technik, die ursprünglich das Ziel gehabt hatte, dem Rikka mehr Freiheit zu schaffen.

Die verschiedenen Techniken der Mikizukuri- und der Ubudate-Methode werden in Kapitel 2 (Übungen 2 und 3) ausführlich erklärt.

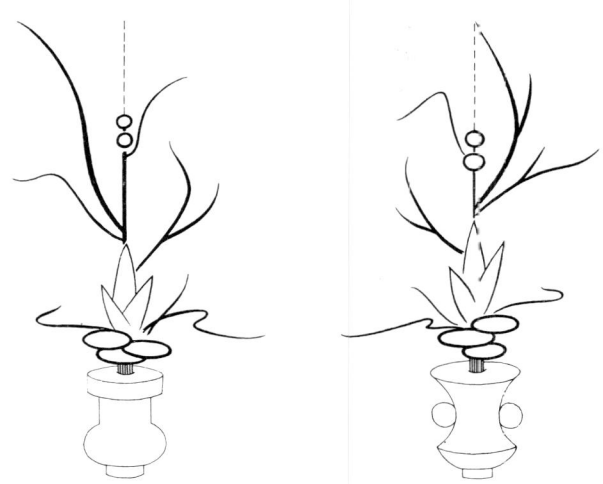

Abb. 3 Ubudate (natürliche Aufbauform). Der Shin kann in jede Richtung gesteckt werden.
Abb. 4 Mikizukuri (künstliche Aufbauform). Die Spitze des Shin muß wieder in die Mittellinie zurückkehren.

Die überlieferten Formen

»Densho« (Überlieferte Schriften) sind Sammlungen von Lehren, die von früheren Ikebana-Meistern zunächst mündlich weitergegeben und später niedergeschrieben und durch viele Generationen überliefert worden sind.

Die wichtigsten Densho der Idenobo-Schule:
- Sieben Technische Lektionen
  (Naraimono Nanakajo)
- Neunzehn Lektionen (Jukyukajo)
- Drei Lektionen für Fortgeschrittene
  (Okuden Sankajo)

Diese insgesamt 29 Lektionen wurden zwischen dem 12. Leiter Sengyo (15. Jahrhundert) und dem 35. Leiter Senko II (17. Jahrhundert) entwickelt. Sie sind bis auf den heutigen Tag in der Ikenobo-Schule vollständig erhalten geblieben und werden als die wichtigsten Lehren der Rikka-Formen betrachtet. Alle modernen Rikka-Variationen beruhen auf diesen Lehren.

Die alten überlieferten Formen werden in den Kapiteln 3, 4 und 5 mit Beispielen ausführlich erläutert.

Rikka – Gegenwart und Zukunft

Rikka ist eine lebendige Kunst, die noch immer in der Fortentwicklung begriffen ist. Jede Fortentwicklung baut aber auf den klassischen Formen auf, deshalb kann eine neue Schöpfung nur dann erfolgreich sein, wenn der Künstler den alten Weg und die traditionellen Formen vollständig studiert und verstanden hat. Wird dies vernachlässigt, so hört die Entwicklung auf.

Wir stehen jetzt an einem Wendepunkt – wie die früheren Ikenobo-Meister, die nach vielen Versuchen Fortschritte gemacht haben; wir müssen uns bemühen, voranzugehen.

Erst war Rikka nichts anderes als ein Schmuck in der Wohnung. Es hat sich später in eine für Ausstellungen geeignete, weit umfassende Kunstform entwickelt und so blieb es bis heute. Aber die Betonung des Rikka als Ausstellungsgesteck hat diesen Stil vom normalen Zimmergesteck entfernt und hat dadurch den Umfang und die Entwicklung des Rikka-Stils teilweise beschränkt. Man sollte auch nicht vergessen, daß alle Rikka-Meister Männer waren und dazu neigten, große Werke zu produzieren, um dem Publikum – und auch einander gegenseitig – zu imponieren.

Da die meisten Ikebana-Schüler heute Frauen sind, soll Rikka eine noch engere Bindung an das tägliche Leben bekommen, deshalb muß ein kleines und einfaches Zimmergesteck in Ubudate-Technik mehr gefördert werden. Rikka als Ikebana der Zukunft soll sich zu einer Kunstform entwickeln, an der Männer und Frauen gleichermaßen teilhaben können.

Aber das bedeutet nicht, daß die Mikizukuri-Technik vernachlässigt werden soll. In der Vergangenheit ist Rikka tatsächlich durch die Verlegung des Schwergewichts von der Ubudate- zur Mikizukuri-Methode zu einem straffen, eintönigen und phantasielosen Stil geworden. Aber die Technik des Mikizukuri kann zu schöpferischen Werken anregen. Deshalb sollte die Kombination der Mikizukuri- und Ubudate-Technik als ideale Schöpfung eine bedeutende Rolle in der Zukunft spielen.

GRUNDKONSTRUKTION
DES RIKKA

Aufbau- und Nebenstiele des Rikka

Nomenklatur

Für eine Ikebana-Komposition braucht man einige Stiele, die das Grundgerüst bilden; diese Stiele nennt man Aufbaustiele (Yakueda). Die Aufbaustiele können mit Zweigen, Blumen oder Blättern realisiert werden.

Im gegenwärtigen Ikenobo-Rikka werden folgende neun Aufbaustiele verwendet (Abbildung 5):

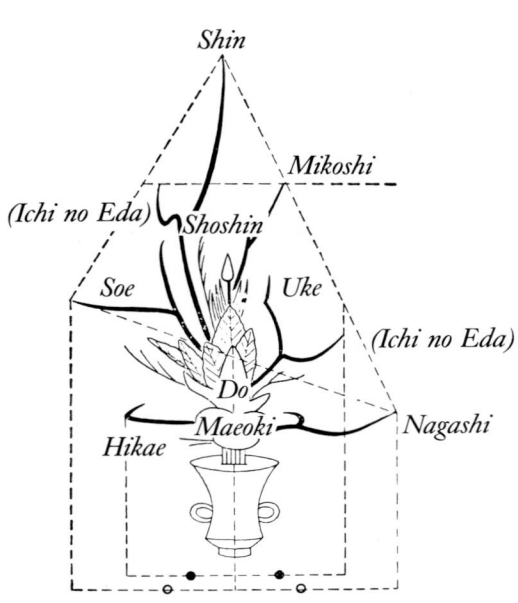

Abb. 5 Längenverhältnis der Aufbaustiele

Aufbaustiele des gegenwärtigen Ikenobo-Rikka
Shin (Wahrheit)
Mikoshi (Fernsicht)
Shoshin (die wahre Mitte)
Soe (Begleiten)
Uke (Empfangen)
Do (Rumpf)
Nagashi (Fließen)
Hikae (Zurückhaltung)
Maeoki (Vorderteil)

Diese Nomenklatur existierte jedoch nicht von Anfang an, sondern hat sich im Laufe der Rikka-Geschichte langsam entwickelt. Die Anzahl der Aufbaustiele war auch nicht immer neun. Anfang des 17. Jahrhunderts waren es sieben (siehe Alte Rikka-Zeichnungen 30, Seite 200).

Aufbaustiele des alten Rikka
In (Schatten)
Yo (Licht)
Ryo (Bergspitze)
Gaku (Gebirge)
Ro (Wasserfall)
Shi (Stadt)
Bi (Tal)

Es war das Ziel der Blumenmeister damaliger Zeit, die Natur in Form eines Rikka-Arrangements darzustellen, deshalb haben sie die Teile des Arrangements nach der Landschaft benannt.

In einer Naturlandschaft gibt es immer eine In-Seite (Schattenseite) und eine Yo-Seite (Lichtseite). In (Schatten) und Yo (Licht) sind im Ikebana und in der ostasiatischen Kunst und Philosophie oft verwendete Begriffe; sie stammen aus der Polarität der chinesischen Philosophie Yin und Yang. An der Spitze des Arrangements ist der Ryo (Bergspitze), der symbolische Berg des Mythos, und darunter ist der Gaku (Gebirge), von dem aus der Ro (Wasserfall) abfließt. Am Fluß liegt der Shi (Stadt), wo die Menschen wohnen, und hinter den Bergen ist der Bi (Tal).

Wenn man diese alten Bezeichnungen mit denen des heutigen Aufbaus vergleicht, entspricht die Bergspitze (Ryo) dem Shin, das Mittelgebirge (Gaku) dem Do, der Wasserfall (Ro) vermutlich dem heutigen Nebenstiel, Kusamichi (Blumenpaß), die Stadt (Shi) dem Nagashi und das Tal (Bi) dem Hikae. Das Gebirge auf der Schattenseite (In) entspricht dem Uke und das auf der Lichtseite (Yo) dem Soe.

Daneben gab es noch andere Bezeichnungen für die gleichen oder ähnliche Aufbaustiele, zum Beispiel:

- Zweig des Hotokeraigo (Willkommen des Buddhas) entspricht dem Mikoshi,
- Zweig des Tamuke (Opfer) entspricht dem Uke,
- Zweig des Tsuyuuke (Tau-Aufnahme) entspricht dem Soe,
- Zweig des Kemugaeshi (Rauch-Rückkehr) entspricht dem Nagashi,
- Zweig des Ego (Schattenrichtung) entspricht einem Zweig der Schattenseite (wahrscheinlich dem Uke), und
- Zweig des Kazemochi (Windhaltung) entspricht einem Zweig der Lichtseite (wahrscheinlich dem Soe).

Außerdem gab es Bezeichnungen wie Shogan no Eda (Zweig zum Loben) für den heutigen Uke, Sote sowazu (Begleiten, ohne zu nahe zu kommen) für den Soe oder Sugatanaoshi (Verschönerung des Aussehens) für den Hikae. Es gab noch viele andere. Auf jeden Fall war die Nomenklatur der Aufbaustiele lange nicht einheitlich, zum Teil sogar ziemlich konfus; so wurde der gleiche Stiel manchmal Uke und manchmal Soe genannt; aber die Kenntnis dieser früheren Bezeichnungen, vor allem ihrer Bedeutungen, ist für das Verständnis des heutigen Rikka sehr wertvoll.

Es war das Rikka Taizen (Das vollständige Rikka-Werk), das im dritten Tenpyo-Jahr (= 1683) erschien, das die Aufbaustiele und ihre Positionen zum ersten Mal definiert hat. Die folgenden sieben Stiele, Shin, Shoshin, Soe, Uke, Nagashi, Mikoshi und Maeoki, wurden dort »Nanatsu-Dogu« (Sieben Werkzeuge) genannt. Obwohl manche Schriftzeichen sich geändert haben, sind die Bezeichnungen bis auf den heutigen Tag in Gebrauch geblieben.

Von dieser Grundlage der sieben Aufbaustiele ausgehend, hat später der 40. Ikenobo-Leiter, Senjo (1769–1832), zwei weitere Aufbaustiele, Do und Hikae, eingeführt. So entstanden die heutigen neun Aufbaustiele. Der Ausdruck »Shichiku no Dogu« (Sieben-Neun Werkzeuge) war die Übergangsbezeichnung für die Aufbaustiele.

Diese Nomenklatur hat auch die anderen Stilrichtungen des Ikebana beeinflußt. Zum Beispiel wurde Shin in vielen Ikebana-Stilen als Bezeichnung für den Hauptstiel eines Arrangements übernommen; ebenso sind Soe, Uke, Nagashi und Hikae in mehreren Ikebana-Stilen als Aufbaustiele verbreitet.

Im folgenden werden die heute verwendeten neun Aufbaustiele ausführlich erläutert.

Funktion und Material der Aufbaustiele

Shin

Der Shin ist der Hauptstiel eines Arrangements und bildet den wichtigsten und den höchsten Teil der Komposition.

Der Shin wurde in verschiedenen Zeiten mit verschiedenen Homonymen bezeichnet; sie alle lauten Shin, haben aber unterschiedliche Bedeutungen. Anfangs wurde der Shin 心 (Herz) geschrieben, weil man glaubte, daß der Shin dem Kernpunkt des Menschen entsprach. Auch das Schriftzeichen Shin 神 (Gott) wurde verwendet, was die Hochachtung vor diesem Stiel andeutete. Diese beiden Schriftzeichen waren bis zur Zeit des Senko II (17. Jahrhundert) üblich. Danach kam das Schriftzeichen Shin 真, dessen Bedeutung »Wahrheit«, »Mitte« oder »senkrecht« ist. Dies hängt damit zusammen, daß man früher nur gerade wachsendes Material für den Shin gewählt hat: Wichtigkeit und Erhabenheit sollten durch den senkrechten Shin ausgedrückt werden. Später wurden auch gebogene Stiele als Shin-Material eingeführt. Trotzdem blieb das Schriftzeichen 真 bis auf den heutigen Tag in Gebrauch, weil es auch Wahrheit und Mitte bedeutet, Eigenschaften, für welche der Hauptstiel oft steht.

Für den Shin das richtige Material zu wählen, ist für das Gelingen des Arrangements entscheidend. Früher nahmen bestimmte Pflanzen wegen ihrer Symbolik einen hohen oder niedrigen Rang ein; zum Beispiel hatten die immergrünen Pflanzen, wie Kiefer, Zeder und Wacholder, den höchsten Rang und wurden »drei wichtige Zweige des Blumen-Weges« (Kado no Sanboku)* genannt. Sie wurden deshalb für den vornehmen Shin häufig gewählt. Später, als die Blumenform etwas freier wurde, kamen sogar Gräser wie Chinaschilf, trotz ihres niedrigen Ranges, auch für den Shin in Gebrauch, mit der Vorstellung, daß Gräser in der Hochebene höher als die Zweige in der Tiefebene stehen. Obwohl Bambus, Pflaumenzweige, Kirschzweige und Hängeweide als Shin-Material auch recht beliebt sind, ist der Shin aus Kiefer doch am häufigsten. für die Formung der Spitze des Shin aus Kiefer sind sogar drei Methoden überliefert worden.

---

* In seiner Ursprungsform war der Ausdruck »Kado no Sanboku« mit anderen Schriftzeichen geschrieben worden und bedeutete »drei wichtige Dichter des Lieder-Wegs«.

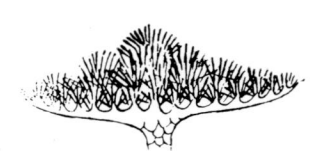

Abb. 6 Junge Kiefer (Midorimatsu oder Wakamatsu)

Abb. 7 Kiefernschirm (Kasamatsu)

Abb. 8 Gelockerter Kiefernschirm (Kuzushi-kasamatsu)

Shin aus junger Kiefer (Midorimatsu oder Waka-matsu):

Wenn junge, grüne Kieferntriebe ziemlich symme-trisch in drei Stufen wie in Abbildung 6 befestigt werden, nennt man die Anordnung »Midori-matsu« (grüne Kiefer) oder »Wakamatsu« (junge Kiefer). Für den untersten Trieb des Shin (Ichi no Eda) soll jedoch ein zusätzlicher Trieb befestigt werden.

Shin aus Kiefernschirm (Kasamatsu):

Eine Anordnung wie in Abbildung 7, bei der die Kieferntriebe vorn, hinten, rechts und links dicht zusammen wie ein Schirm befestigt werden, nennt man »Kasamatsu« (Kiefernschirm).

Shin mit gelockertem Kiefernschirm (Kuzushi-kasamatsu):

Wenn mehrere Kiefern stufenweise und asymme-trisch wie in Abbildung 8 befestigt werden, nennt man die Anordnung Kuzushi-kasamatsu (gelok-kerter Kiefernschirm).

Arrangements mit solchem Kiefer-Shin werden in den Tafeln 30 (Midorimatsu), 29 (Kasamatsu) und 1 (Kuzushi-kasamatsu) gezeigt.

Daneben gibt es mehrere überlieferte Variationen des Shin:

Futatsu-shin (siehe Tafel 29)
Ai-jin (siehe Tafel 30)
Tanikoshi-shin (siehe Tafel 32)
Taniwatari-shin (siehe Tafel 33)
Aioi-jin (siehe Abbildung 199)

Mikoshi

Der Mikoshi drückt, wie seine Bedeutung Fern-sicht, Übersicht andeutet, die Entfernung aus und ergänzt den oberen Teil des Arrangements.

Als ein Symbol ferner Berge wird der Mikoshi im oberen Teil des Arrangements so verwendet, daß er das ganze Werk von oben her überblickt.

Früher wurde der Stiel »Hotokeraigo no Eda« (Willkommenzweig für Buddha) genannt, um die Eigenschaft dieses Zweiges, der nach oben und in die Ferne gerichtet wird, anzudeuten. Jeder Aufbau-stiel trägt zur Dreidimensionalität bei. Dies ist be-sonders deutlich beim Mikoshi; er steigt von der hinteren Seite des Shoshin, etwa 10 cm unter des-sen Spitze, auf und richtet sich nach hinten im oberen Teil des Arrangements auf der Schatten-seite (Uke-Seite). Die Höhe des Mikoshi entspricht etwa der des Ichi no Eda (der unterste Trieb) des Shin, und seine Spitze bleibt innerhalb der Linie zwischen dem Shin und dem Nagashi (siehe Abbil-dung 5).

Leichtes, elastisches Material wie Kiefer oder Pflaumenzweig oder hängendes Material wie Weide ist dafür geeignet. Besteht der Shin aus dün-nem Material, so wird für den Mikoshi relativ dik-kes Material gewählt, um den oberen Teil des Ar-rangements zu verstärken.

Als traditionelle Mikoshi-Variationen gibt es den Uchi-mikoshi (Tafel 6) und den Ouchi-mikoshi (Tafel 7).

Shoshin

Der Shoshin steht vollkommen senkrecht in der Mitte des Arrangements und verleiht ihm die in-nere Ruhe.

Dieser Aufbaustiel wurde früher »Shin-gakushi« (Shin-Deckung) genannt. Er wurde auch eine Zeit-lang Shoshin 小真 (der kleine Shin) geschrieben. Das heutige Schriftzeichen Shoshin 正真 bedeu-tet der wahre Shin bzw. die wahre Mitte.

Seine Funktion ist es, dem Arrangement Standfähigkeit zu verleihen. Die Höhe des Shoshin soll etwa zwei Drittel, mindestens aber die Hälfte der Höhe des Arrangements (siehe Abbildung 20, Seite 27) sein. Den Verzweigungspunkt des Shoshin (d. h. sein unteres Ende) nennt man »Shoshin no Za« (der Sitz des Shoshin); er liegt genau in der Mitte des Arrangements.

Als Shoshin wird nur gerade wachsendes Material verwendet, und obwohl er eine wichtige Stellung einnimmt, wird nur leichtes Material für ihn gewählt. In der Regel werden Blumen (Kusamono) in Frühlings- und Sommergestecken benutzt, während Zweige (Kimono) vom Herbst bis zum Frühjahr bevorzugt werden. Ein Shoshin aus Blumen wird meistens vor dem Shin angebracht, und der aus Zweigen hinter dem Shin. Dies entspricht dem Rikka-Prinzip En (Verbindung); die Verbindung der Blumen (Kusa no En) wird nach vorn und die Verbindung der Zweige (Ki no En) wird nach hinten gebracht (siehe Verbindung En, Seite 29). Geeignete Zweige für den Shoshin sind Pflaumenzweige, Pfirsichzweige, Wacholder und Kiefer. Wird Kiefer für den Shoshin gewählt, so gibt es zwei überlieferte Formen:

Shoshin aus Teequirl-Kiefer (Chasenmatsu):
Eine Anordnung wie in Abbildung 9, bei der lange Nadeln eines Kiefernzweiges in die Form eines Teequirls aus Bambus gebracht worden sind, nennt man Chasenmatsu (Teequirl-Kiefer).

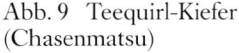

Abb. 9 Teequirl-Kiefer (Chasenmatsu)   Abb. 10 Glatzköpfige Kiefer (Hagematsu oder Kamuromatsu)

Shoshin mit glatzköpfigen Kiefern (Hagematsu):
Eine Anordnung wie in Abbildung 10, bei der relativ wenige Nadeln kronenförmig zusammen befestigt worden sind, nennt man »Hagematsu« (glatzköpfige Kiefer). Diese Anordnung nennt man auch »Kamuromatsu« (Kamuro-Kiefer), weil sie einen jungen naiven Eindruck vermittelt. Kamuro bedeutet eine junge Begleiterin einer Kurtisane.

Soe

Die Rolle des Soe (begleiten, Zugabe) ist es, den Shin zu begleiten und ihn zu verstärken.

Früher wurde Soe »Tsuyuuke« (Tau-Aufnahme) genannt, was eine lebendige Erscheinung dieses Stiels andeutet. Er wurde auch mit »Sote sowazu« (Begleiten, ohne zu nahe zu kommen) bezeichnet; er ist ein solcher unauffälliger Begleiter des Shin. Der Shin allein verleiht dem Arrangement nur Höhe; der Soe hilft dem Shin deshalb, Breite und Tiefe auszudrücken.

Wegen seiner untergeordneten Rolle soll er mit großer Leichtigkeit und ohne angestrengtes Bemühen gestaltet werden, und meistens verwendet er ein anderes Material als der Shin, um einen Kontrast zu diesem herzustellen.

Der Soe wird schräg gegenüber dem Nagashi angeordnet; die Spitze des Soe soll von der Mittelachse genau so weit entfernt sein wie die Spitze des Nagashi (siehe Abbildung 5). Der Soe befindet sich jedoch im mittleren Teil und der Nagashi im unteren Teil des Arrangements (siehe Abbildung 19, Seite 27).

Uke

Die Rolle des Uke (empfangen) ist es, dem Shin entgegenzukommen; der Uke soll in voller Übereinstimmung mit dem Shin stehen. Ursprünglich wurde er »Shogan no Eda« (Zweig zum Loben) genannt; ein besonders hübscher Zweig wurde dafür gewählt und zur Seite des Gastes hin gerichtet. In der Regel wird das gleiche Material für den Shin und den Uke gewählt; um dennoch Kontrast herzustellen, werden sie jedoch in unterschiedlicher Form und Position angeordnet: der Shin in hoch aufrechter Form im oberen Teil des Arrangements und der Uke in elegant gebogener Form im mittleren Teil.

Strukturell wird der Uke jedoch schräg gegenüber dem Hikae angeordnet, um der Schattenseite des Arrangements Breite und Tiefe zu geben. Die Spitze des untersten Triebes des Uke, Ichi no Eda, ist von der Mittelachse genau so weit entfernt wie die Spitze des Hikae (siehe Abbildung 5).

Eine sehr beliebte Uke-Variation, Uke-agari (Tafel 6), und die etwas weniger bekannte Variation Uke-nagashi-eda (Tafel 26), sind eine wertvolle Überlieferung.

Do

Der Do wurde früher »Gaku« (Gebirge) genannt und als Mittelpunkt der Landschaft betrachtet. Später hat sich die Vorstellung geändert, und dieser Teil wurde als Symbol für den Körper des Menschen betrachtet, so entstand der Name Do (Rumpf).

Der Do ist ein wichtiger Aufbaustiel, dessen Aufgabe das Verstecken der Verzweigungspunkte aller anderen Aufbaustiele ist. Strukturell ist der Do eine Masse, die dem Arrangement Volumen verleiht. Er ist jedoch keine unstrukturierte Masse, sondern wird wellenförmig nach den Grundregeln der Aufbaustiele des Ikenobo-Shoka (Shin, Soe und Tai) aufgebaut.

Die Höhe des Do ist geringer als die des Shoshin, und er ist gewöhnlich unmittelbar vor dem Shoshin angeordnet und etwas nach vorn gerichtet. Die Spitze des vorderen Teils soll jedoch innerhalb der Linie zwischen dem Shoshin und dem Maeoki bleiben (siehe Abbildung 20, Seite27). Gelegentlich wird der Do auch seitlich vom Shoshin plaziert.

Hinsichtlich des Materials sind dicke, fein belaubte Zweige wie Buchsbaum oder Nadelhölzer wie Wacholder, Zypresse oder Kiefer gut geeignet. Auffälliges Material wie Pflaumenzweig, Pfirsichzweig, Weidenkätzchen, Päonie oder Stechpalme kann je nach Jahreszeit verwendet werden. Dabei wird mit spitzem Material ein kantiger Do, mit rundem ein rundlicher Do gebaut.

Es gibt mehrere überlieferte Variationen des Do: Nobori-do (Tafel 5), Matsu no Do (Tafel 20), Take no Do (Tafel 21), Botan no Do (Tafel 22), Sandan Biwa (Tafel 34) und Dozuka (Tafel 35).

Bei solchen Arrangements ist der Do das Hauptthema der Komposition, aber seine Größe ist trotzdem begrenzt. Viel Geschick ist deshalb erforderlich, damit Unermeßlichkeit dieses Teils vermittelt wird.

Nagashi

Der Nagashi (fließen oder Ausfluß) drückt die fließende Bewegung im unteren Teil des Arrangements aus. Früher wurde er »Shi« (Stadt) genannt, weil Menschen sich am Fluß versammelten.

Um einen wirkungsvollen Nagashi zu gestalten, gibt es zwei wichtige Regeln: die eine ist, den Verzweigungspunkt des Nagashi gut zu verstecken, und die andere, die Spitze des Nagashi nach oben zu richten. Wenn der Verzweigungspunkt (d.h. die Stelle, an der Nagashi von der Mittelachse abbiegt) sichtbar ist, erscheint eine harte Querlinie; dadurch fehlt die Stimmung der fließenden, rhythmischen Wasserströmung. Hängt die Spitze des Nagashi-Stiels nach unten, so wirkt das Arrangement schwach, träge und unachtsam.

Da Nagashi und Hikae beide im unteren Teil des Arrangements liegen (siehe Abbildung 19, Seite 27), sollen sie aus verschiedenartigem Material bestehen; wenn z.B. der Nagashi aus Kimono besteht, wird der Hikae mit Kusamono gestaltet. Pflaumenzweige oder Pfirsichzweige sind für den Nagashi geeignet. Die Spitze des Nagashi wird etwa 45 Grad nach vorn gerichtet und die des Soe auf der gegenüberliegenden Seite etwa 45 Grad nach hinten. Die beiden Spitzen sind von der Mittelachse gleich weit entfernt (siehe Abbildung 5).

Als traditionelle Nagashi-Variationen gibt es den Uke-nagashi-eda (Tafel 26), den Chudan-nagashi-eda (Tafel 27) und den Hidari-nagashi-eda (Tafel 28).

 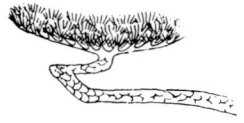

Abb. 11 Kantiger Hikae aus Wachholder

Abb. 12 Rundlicher Hikae aus Kiefer

Hikae

Die Rolle des Hikae ist es, für freien Raum auf der Lichtseite im unteren Teil des Arrangements zu sorgen, und damit das Gesteck abzurunden. Früher wurde der Stiel »Sugatanaoshi« (Verschönerung des Aussehens) genannt.

Die Bedeutung des Hikae (Zurückhaltung) weist darauf hin, daß er in einer eingeschränkten und zurückhaltenden Art im freien Raum Breite und Tiefe verleihen soll.

Die Position des Hikae ist schräg gegenüber dem Uke und wie schon erwähnt, sollen die Spitze des Hikae und die des untersten Triebes des Uke von der Mittelachse gleich weit entfernt sein (siehe Abbildung 5).

Je nach verwendetem Material kann der Hikae veschieden geformt werden. Wenn spitze Materialien, wie Pflaumenzweig, Zypresse oder Wachholder verwendet werden, wird der Hikae kantig gebaut (Abbildung 11). Material wie Kiefer oder Azalee soll dagegen einen rundlichen Hikae bilden (Abbildung 12).

Für Hikae und Nagashi soll verschiedenes Material verwendet werden, um Eintönigkeit im unteren Teil des Arrangements zu vermeiden.

Eine beliebte Methode, einen schwach gebauten Hikae zu verbessern, ist die überlieferte Technik »Suisen Nageha« (Tafel 8). Suisen Nageha kann sowohl der Hikae selbst als auch ein Ergänzungsstiel zum Hikae werden.

Maeoki

Der Maeoki (Vorderteil) hat die Aufgabe, den untersten Teil des Arrangements direkt über der Wasseroberfläche abzuschließen. Obwohl der Maeoki erst im 17. Jahrhundert als Aufbaustiel eingebürgert wurde, hatte man schon immer auf diese Stelle als Maejimari (vorderer Abschluß) geachtet.

Der Maeoki wird nach vorn gerichtet, und seine vordere Spitze endet innerhalb der umhüllenden Kugel, und zwar an der verlängerten Linie von Shoshin zum Do (siehe Abbildung 20, Seite 27). Er besteht aus drei Teilen, und sie werden wellenförmig wie die Aufbaustiele des Ikenobo-Shoka (Shin, Soe und Tai) gestaltet.

Als Maeoki-Material werden dicke Zweige mit feinen Blättern (z.B. Buchsbaum) oder mit Nadeln (z.B. Kiefer) bevorzugt. Weil der Maeoki der letzte Aufbaustiel ist, muß man darauf achten, daß er tatsächlich das Arrangement vervollständigt.

Als Maeoki-Variationen sind Matsu no Maeoki (Tafel 23), Omoto no Maeoki (Tafel 24) und Shida no Maeoki (Tafel 25) überliefert worden.

Funktion und Material der Nebenstiele

Zu einem vollständigen Ikebana-Arrangement gehören nicht nur Aufbaustiele sondern auch noch zahlreiche Stiele, die den Aufbaustielen helfen. Sie werden Nebenstiele genannt. Manchmal ist der Unterschied hinsichtlich der Wichtigkeit zwischen Aufbau- und Nebenstielen nicht deutlich. In einem Rikka-Arrangement ist es nicht einmal notwendig, alle Aufbaustiele zu verwenden; auch geschichtlich waren Hikae und·Do bis zum 19. Jahrhundert Nebenstiele gewesen. Manche Nebenstiele dagegen treten genau so häufig wie Aufbaustiele auf, z.B. Oha oder Ushirogakoi.

Im folgenden werden die gegenwärtig in der Ikenobo-Schule verwendeten Nebenstiele ausführlich erläutert.

Oha

Oha (Große Blätter) sind besonders große, gut geformte Blätter, die im vorderen Teil (vor dem Shin) des Arrangements angeordnet werden, um verschiedene Aufbaustiele dort zu verbinden.

Sie werden in der Regel in einer Reihe plaziert, deshalb nennt man sie oft »Oha-michi« (der Paß

Abb. 13 Vorbereitung von Oha

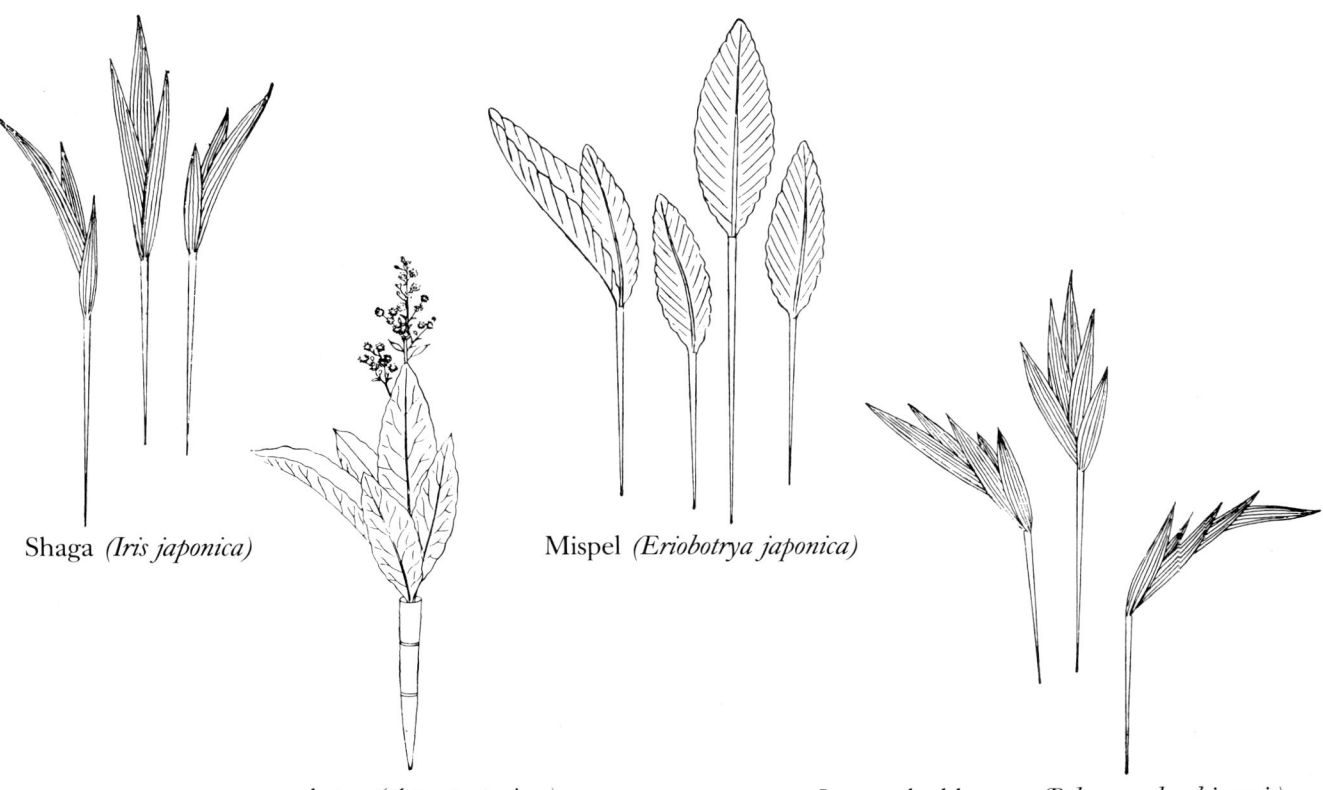

Shaga *(Iris japonica)*

Mispel *(Eriobotrya japonica)*

Aster *(Aster tartaricus)*

Leopardenblumen *(Belamcanda chinensis)*

21

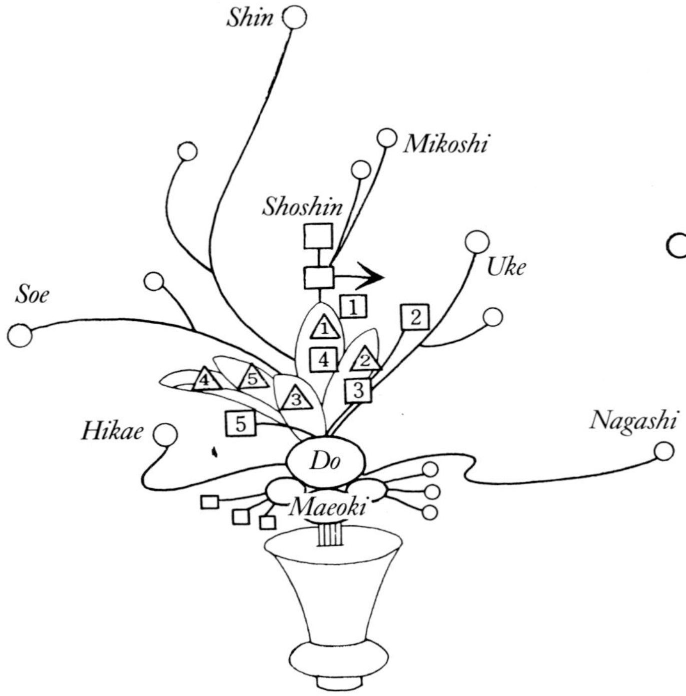

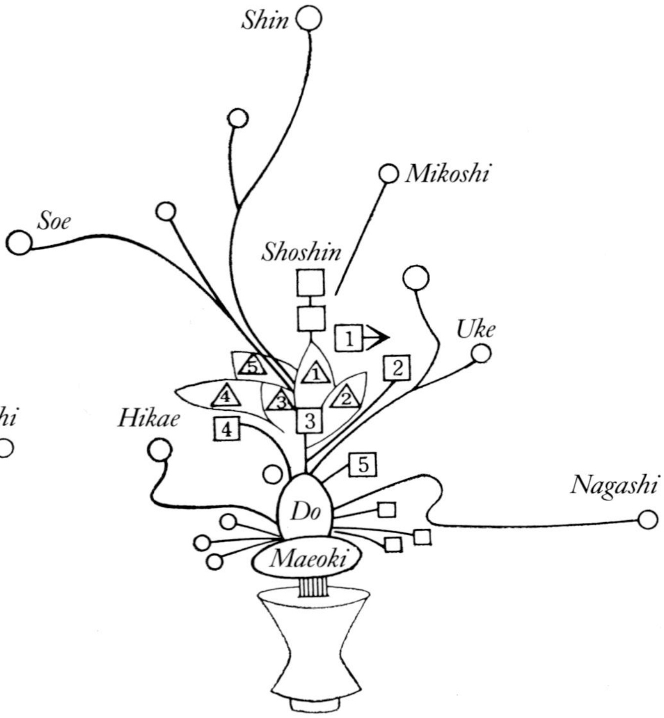

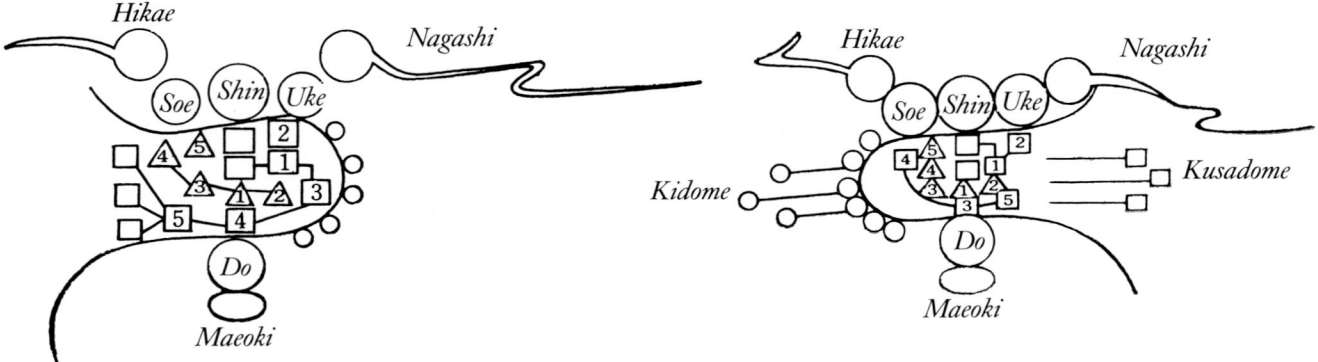

Abb. 14 Positiver Weg (Junkusa-ori)

Abb. 15 Positiver Umweg (Junkusa-suguori)

von Großen Blättern). Dieser Oha-Paß führt in der Regel in das Innere des Do, in dem sich viele Aufbaustiele verzweigen. Die Wirkung des ganzen Arrangements hängt deshalb oft davon ab, wie geschickt die Blätter beim Verzweigungspunkt arrangiert werden.

Es gibt zwei Sorten von Oha-Blättern: Zweigblättern und Blumenblätter. Von den Zweigen sind Blätter von Mispel, Eiche, Magnolie und Gummibaum für den Oha gut geeignet. Von den Blumen werden breite Blätter von Shaga *(Iris japonica)*, Leopardenblume oder Aster oft verwendet. Abbildung 13 zeigt die Vorbereitung von einigen beliebten Oha. Shaga *(Iris japonica)* kann das ganze Jahr

hindurch als Oha verwendet werden, während Leopardenblumenblätter vom Sommer bis zum Herbst und Asternblätter dann bevorzugt werden, wenn ihre Blüten für den Shoshin verwendet werden.

Blätter, die ihre Oberseite nach vorn zeigen, werden Lichtblätter (Yoha) genannt und Blätter, die ihre Unterseite zeigen, Schattenblätter (Inha oder Inba). Wenn mehr als zwei Oha in einem Arrangement verwendet werden, muß ihre Anzahl ungerade sein, und es muß immer ein Schattenblatt mehr als Lichtblätter sein.

Die überlieferten Oha-Variationen sind Nimai Oha (Tafel 11) und Sandan Biwa (Tafel 34). Beide gehören zu den technisch schwierigen Variationen.

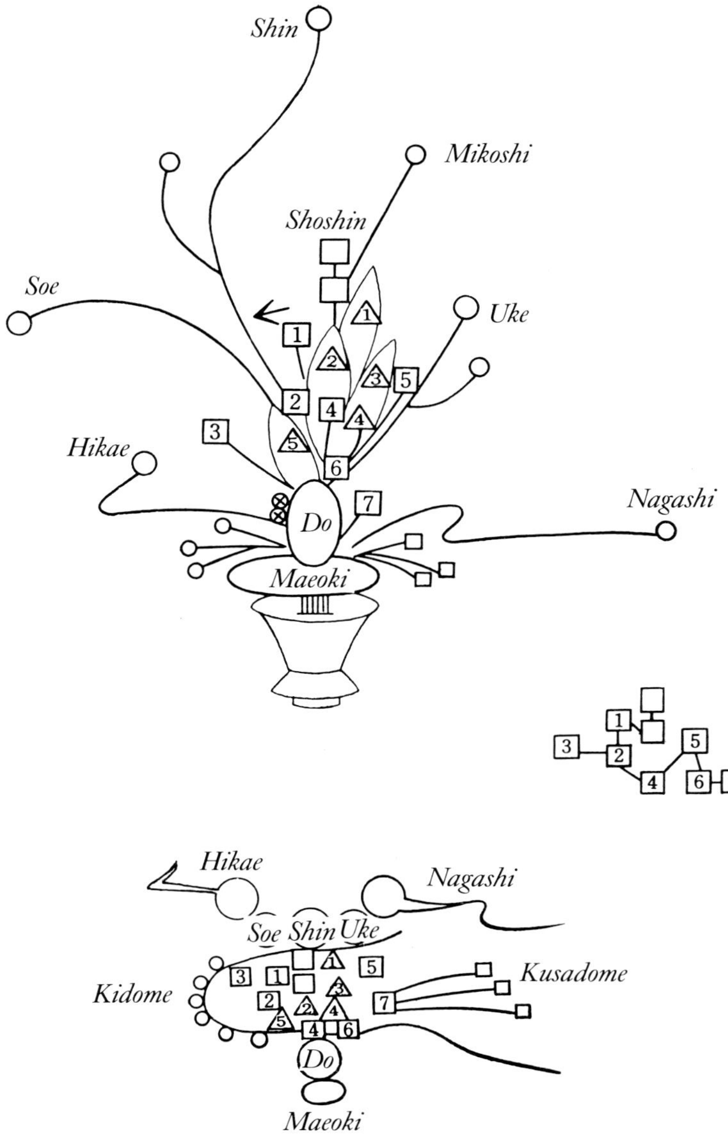

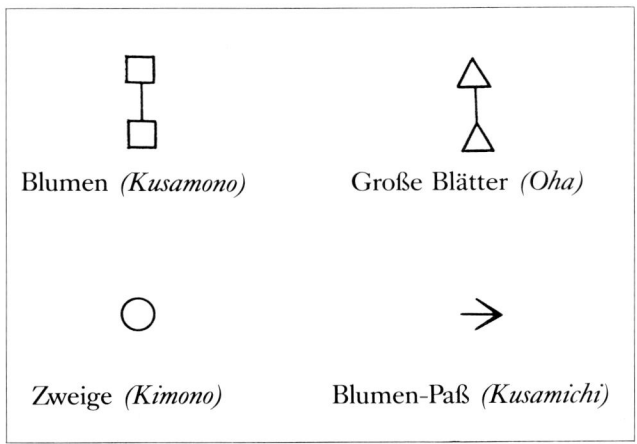

Abb. 16 Negativer Weg (Gyakugusa-ori)

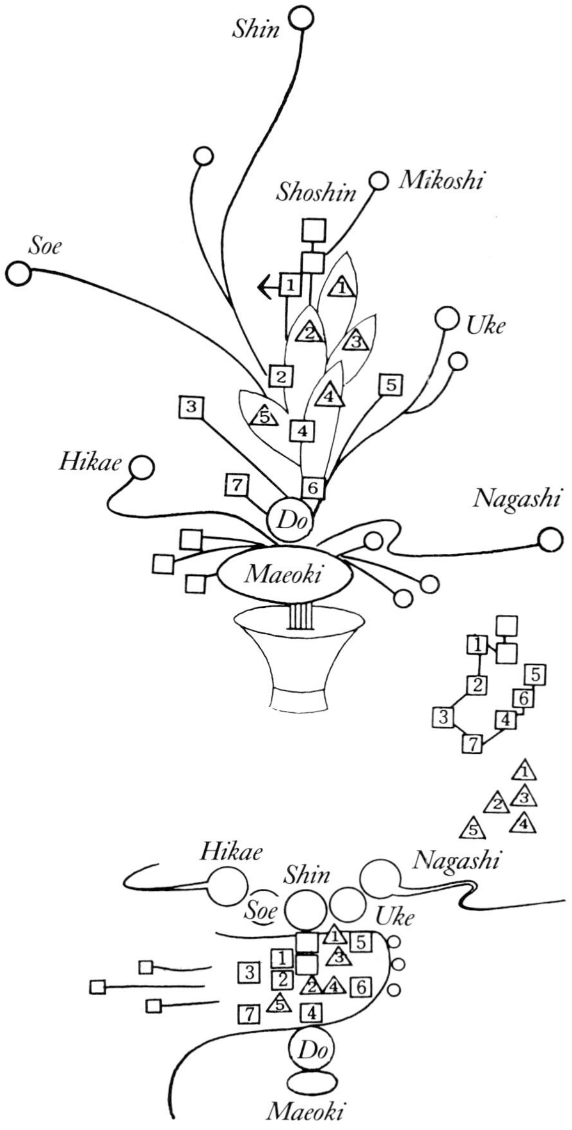

Abb. 17 Negativer Umweg (Gyakugusa-suguori)

Blumen *(Kusamono)*	**Große Blätter** *(Oha)*
Zweige *(Kimono)*	**Blumen-Paß** *(Kusamichi)*

Kusamichi

Der Kusamichi (Blumen-Paß), auch Douchi-kusa-michi oder Douchi-kusa genannt, ist ein Paß von Blumen, der im Inneren des Do in einer Reihe angeordnet wird; er deutet eine abwärts fließende Strömung an. Früher wurde er »Ro« (Wasserfall) genannt.

Es gibt vier verschiedene Methoden für den Aufbau des Kusamichi:

– positiver Weg (Junkusa-ori)
– positiver Umweg (Junkusa-suguori)
– negativer Weg ((Gyakugusa-ori)
– negativer Umweg (Gyakugusa-suguori)

23

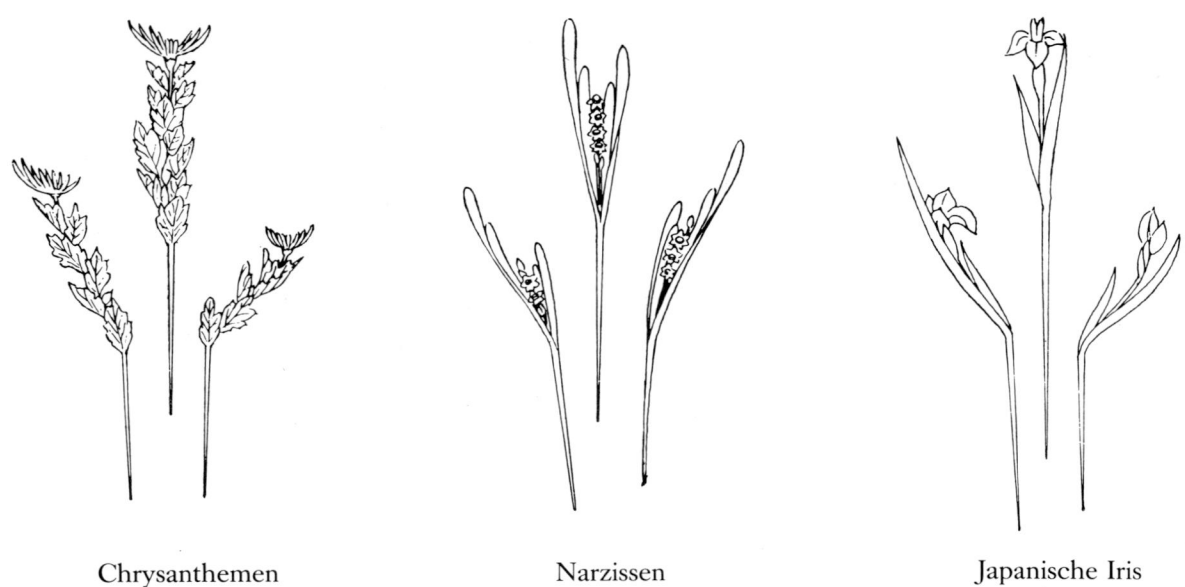

Chrysanthemen   Narzissen   Japanische Iris

Abb. 18 Vorbereitung von Blumen für den Kusamichi

Beim positiven Weg (Junkusa-ori) beginnt der Blumen-Paß unterhalb des Uke, führt durch den Do und endet in der Nähe des Hikae (Abbildung 14).

Beim positiven Umweg (Junkusa-suguori) beginnt der Blumen-Paß ebenfalls unterhalb des Uke, führt durch den Do, macht aber einen Umweg via Hikae und endet schließlich in der Nähe des Nagashi (Abbildung 15).

Beim negativen Weg (Gyakugusa-ori) beginnt der Blumen-Paß unterhalb des Shin, führt durch den Do und endet in der Nähe des Nagashi (Abbildung 16).

Beim negativen Umweg (Gyakugusa-suguori) beginnt der Blumen-Paß ebenfalls unterhalb des Shin, führt durch den Do, macht aber einen Umweg via Uke und endet schließlich in der Nähe des Hikae (Abbildung 17).

Jede von den vier Methoden kann, unabhängig vom rechtsseitigen oder linksseitigen Arrangement (siehe Seite 27, rechtsseitig und linksseitig), gewählt werden. Wichtig ist dabei, daß der Blumen-Paß immer an der Seite des Blumen-Abschlusses (Kusadome) endet, so daß die Verbindung des Kusamono (Kusa no En) nicht unterbrochen wird (siehe Seite 29, Verbindung). Bei den überlieferten Arrangement-Beispielen ist jeweils angegeben, welche der vier Formen für den Kusamichi gewählt wurde.

Abbildung 18 zeigt vorbereitete Blumen für den Blumen-Paß: Chrysanthemen, Narzissen und Iris. Alle werden mit Hilfe eines Drahtes in die gewünschte Form gebogen. Bei Chrysanthemen wird zum Beispiel ein feiner Draht von oben nach unten um den Stiel gewickelt. Wenn Blätter an dem Stiel befestigt werden sollen, werden sie zunächst in Wasser eingetaucht, dann die Stiele der Blätter mit saugfähiger Watte, weichem Papier oder Torfmoos umwickelt, um dort Feuchtigkeit zu speichern. Dann werden die Blätter mit Draht an dem Stiel befestigt. Diese Technik wird auch häufig angewandt, um andere Aufbau- und Nebenstiele mit Wasser zu versorgen.

Ushirogakoi

Der Ushirogakoi (Hinterer Zaun) schließt das Material im hinteren Teil des Arrangements ab. Er verleiht dem Arrangement Tiefe und Volumen, obwohl nur die Spitze des Ushirogakoi von vorn sichtbar ist.

Strukturell erstreckt er sich nach hinten genau so weit wie der Maeoki nach vorn. Der Ushirogakoi trägt zur Dreidimensionalität des Rikka bei. Junge Kiefer ist das am weitesten verbreitete Material für den Ushirogakoi, aber auch Wacholder und Zypresse sind dafür geeignet.

Die Abbildungen 110 (Seite 57), 157 (Seite 69), 173 (Seite 76) und 194 (Seite 85) zeigen den Ushirogakoi von hinten; Rikka-Arrangements sollen so gestaltet werden, daß man sie auch von hinten betrachten kann.

Kidome und Kusadome

Der Kidome (Zweig-Abschluß) und der Kusadome (Blumen-Abschluß) werden als letztes dicht an der

Wasseroberfläche (Mizugiwa) angeordnet, um diesen Teil des Arrangements zu schmücken.

Nur wenig Material wird dafür verwendet und es wird in der Aufbauform des Ikenobo-Shoka (Shin, Soe und Tai) arrangiert. Wenn Kimono auf der rechten Seite angeordnet wird, kommt Kusamono auf die linke. Es kommt darauf an, wie der Blumen-Paß (Kusamichi) verläuft, denn der Blumen-Paß muß auf der Seite des Blumen-Abschlusses enden.

Weil Kidome und Kusadome zuletzt und in kleiner Menge arrangiert werden, neigt man gelegentlich dazu, sie zu vernachlässigen. Es ist jedoch wichtig, daran zu denken, daß ein schlecht angeordneter Kidome oder Kusadome das ganze Arrangement verderben kann.

Ashirai

Wie die früheren Namen »Tsuya no Eda« (Zweig zum Polieren) oder »Chikarazoe no Eda« (Verstärkungszweig) erkennen lassen, ist der Ashirai (Ergänzungsstiel) ein untergeordneter Nebenstiel, der zur vollen Wirkung eines begleitenden Aufbau- und anderen Nebenstiels beiträgt. Seine Aufgaben sind, Aufbaupflanzen zu verbinden, eine unerwünschte räumliche Lücke zu füllen oder einen Aufbau- oder Nebenstiel zu verstärken. Die folgenden Ashirai treten häufig auf:

Hikae-ue*, Ashirai über dem Hikae
Hikae-shita, Ashirai unter dem Hikae
Mikoshi-shita, Ashirai unter dem Mikoshi
Uke-shita, Ashirai unter dem Uke
Uke-uchi, Ashirai unterhalb des Uke
Nagashi-ue, Ashirai über dem Nagashi
Soe-shita, Ashirai unter dem Soe
Uchi-soe (= Uchi-zoe), Ashirai unterhalb des Soe

Oha-shita, Ashirai unter dem Oha
Do-uchi, Ashirai innerhalb des Do
Do-waki, Ashirai seitlich des Do

Irogiri

Der Irogiri (Farbentrennung) wird zwischen zwei gleiche oder ähnlich aussehende Massen von Zweigen gesteckt, damit die Grenze verdeutlicht, und auch gleichzeitig etwas Abwechslung erreicht wird.

Zum Beispiel wird ein Irogiri aus Spindelstrauch oft zwischen dem Do und dem Maeoki arrangiert, wenn die beiden aus Buchsbaum bestehen (siehe Tafel 9). »Trennung ohne Unterbrechung« ist die Grundidee dieses Stiels. Irogiri wird gelegentlich als Ashirai behandelt.

Kariha

Der Kariha (geliehenes oder provisorisches Blatt) gilt normalerweise nicht als Nebenstiel, aber seine Funktion ist genau so wichtig wie die mancher Nebenstiele.

Ein Kariha wird hinzugefügt, wenn die vorhandenen Blätter nicht für die Stelle geeignet sind. Shaga *(Iris japonica)* wird sehr oft als Kariha für Kakitsubata *(Iris laevigata)* oder Hanashobu *(Iris ensata)* benutzt.

Wenn Blätter von Shaga z.B. als Kariha in einem Arrangement verwendet werden, in dem ähnliche Blätter vorhanden sind, sollten die Shaga-Blätter mit der Hand zerrissen werden, um die Funktion des Kariha zu verdeutlichen. Diese Technik nennt man »Mogiha« (zerrissenes Blatt) oder »Mogi-Shaga« (zerrissenes Shaga). Siehe hierfür die Tafeln 19 und 21.

---

* -ue bedeutet »über«, -shita »unter« und -waki »seitlich«. -uchi, hier als »unterhalb oder innerhalb« übersetzt, bedeutet eigentlich zwischen dem genannten Stiel und der Mittelachse. »Uke-uchi« z.B. ist die Lücke zwischen dem Uke und der gedachten Mittelachse des Arrangements.

Gestaltungsregeln

Dreidimensionales Marubana

In einer überlieferten Schrift steht: »Rikka verwendet vielerlei Zweige...«; in der Tat ist der Rikka-Stil vor allem durch seine Verwendung von zahlreichen Materialien gekennzeichnet. Dieser Stil stammt aus der Zeit, als die Anhänger des Buddhismus, die an die Unbedingtheit des Buddhas glaubten, ihre Verehrung durch das reichliche und übervolle Blumenopfer am besten in Marubana (runde Blumen) auszudrücken vermochten.

Marubana ist eine Form des Arrangements im kugelförmigen Umriß. Es gab Zeiten, in denen keine richtige Kugelform sondern eine längliche oder elliptische Form bevorzugt war. Aber im Grunde sollten die Höhe und die Breite eines Rikka-Arrangements immer gleich sein. Außerdem wird diese Form mit mehreren Pflanzenstielen so gebaut, daß sie sich von der Mittelachse aus nach allen Richtungen hin ausbreiten. In anderen Worten, das Arrangement erzielt eine kugelförmige Wirkung, selbst wenn es nicht im mathematischen Sinne kugelförmig ist.

Früher, als das Blumenarrangement ein Mittel des religiösen Blumenopfers war, waren symmetrische Arrangements vorherrschend. Als diese Kunst später außerhalb des Tempels verbreitet war, empfand man eine symmetrische Form als zu unbeweglich. So entstand ein asymmetrischer Aufbau. Asymmetrie wurde vor allem durch Veränderung der Größe, des Winkels und der relativen Wichtigkeit der Aufbaupflanzen erreicht.

Auf jeden Fall wurden die Aufbaustiele strahlenförmig und dreidimensional innerhalb einer gedachten Kugel asymmetrisch aufgebaut. Man vergleicht Rikka gelegentlich auch mit einer Skulptur. Bei einer Skulptur bearbeitet man das Material gewöhnlich von außen nach innen, beim Rikka-Werk dagegen arbeitet man vom Mittelpunkt aus mit Pflanzenstielen nach außen.

Obwohl die Außengrenze des Rikka theoretisch durch die Länge des Hauptstiels (Shin) festgelegt ist, kann man sie in der Praxis doch an die Umgebung, in der das fertige Werk aufgestellt wird, anpassen. Fehlt an der Stelle Tiefe, so kann man ein relativ flaches Arrangement bauen, oder wenn die Höhe fehlt, kann ein niedriges Arrangement gestaltet werden. Unabhängig von der Umgebung muß man jedoch darauf achten, daß die Grundform des Rikka dreidimensional ist und eine kugelförmige Wirkung ergibt.

Diagonale Komposition

Ein Rikka-Arrangement besteht aus drei Teilen: dem oberen, dem mittleren und dem unteren.

Die Aufbaustiele Shin und Mikoshi gehören zum oberen Teil, Shoshin, Soe, Uke und Do zum mittleren und Nagashi, Hikae und Maeoki zum unteren Teil (Abbildungen 19 und 20).

Die Spitze des Shin bleibt in der Mittelachse; selbst wenn er gebogen ist, kehrt seine Spitze immer wieder in die Mitte zurück (auf jeden Fall beim heutigen Noki-shin-Aufbau; siehe Abbildung 4). Der Shoshin steht absolut senkrecht in der Mitte des Kerns.

Der Soe und der Nagashi stehen sich diagonal gegenüber. Die Spitze des Soe wird 45 Grad nach hinten links gerichtet, während der Nagashi zunächst unter einem Winkel von 45 Grad nach rechts hinten weist, sich aber dann wieder 45 Grad nach rechts vorn dreht; er bildet dadurch eine Wellenform.

Die Spitze des Hikae und der unterste Trieb (Ichi no Eda) des Uke stehen sich ebenfalls diagonal gegenüber. Der Hikae wird unter einem Winkel von 45 Grad nach links hinten gerichtet, während der Uke nach rechts hinten weist, wobei jedoch sein unterster Trieb unter einem Winkel von 45 Grad nach vorn rechts, dem Hikae entgegengesetzt, gerichtet ist.

Der Maeoki breitet sich nach vorn unter einem Winkel von 90 Grad aus; er reicht bis an die umhüllende Kugel heran (Abbildung 20). Der Maeoki und der Ushirogakoi stehen sich gegenüber, der Ushirogakoi hinten, der Maeoki vorn; deshalb ist nur die Spitze des Ushirogakoi von vorn sichtbar.

Der Do wird nach vorn gerichtet, seine Spitze befindet sich auf der gedachten Verbindungslinie

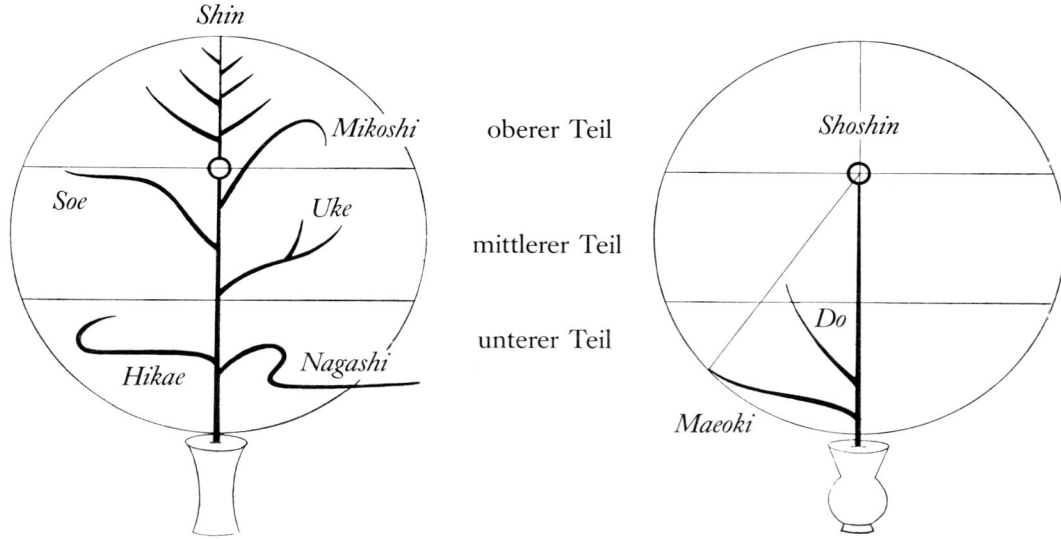

Abb. 19 Vorderansicht mit sechs Aufbaustielen (Shin, Mikoshi, Soe, Uke, Hikae und Nagashi)

Abb. 20 Seitenansicht mit drei Aufbaustielen (Shoshin, Do und Maeoki) und ihr Längenverhältnis

zwischen der Spitze des Shoshin und der des Maeoki (Abbildung 20). Der Mikoshi wird nach hinten gerichtet, seine Spitze befindet sich auf der gedachten Verbindungslinie zwischen dem Shin und dem Nagashi.

So ergänzen sich alle Aufbau- und Nebenstiele zu einer dreidimensionalen Wirkung in einer diagonalen Komposition (siehe Abbildung 5, Seite 76).

Rechtsseitig und linksseitig

Wie bei allen Ikebana-Stilen gibt es auch beim Rikka rechtsseitige und linksseitige Arrangements. »Rechtsseitig« heißt in der Regel, daß der Hauptstiel (Shin) nach rechts gebogen ist; »linksseitig«, daß er nach links gebogen ist.

Beim Rikka mit gebogenem Shin (Noki-shin) ist der Fall sehr klar. Beim Rikka mit geradem Shin (Sugu-shin) kommt es auf den untersten Trieb (Ichi no Eda) des Shin an. Steht er auf der linken Seite, so erweckt der Shin den Eindruck, daß er sich nach rechts biegen würde, in diesem Fall ist das Arrangement rechtsseitig. Beim rechtsseitigen Arrangement steht der Soe immer auf der Lichtseite (= links) und der Uke immer auf der Schattenseite (= rechts).

Die Standardposition der neun Aufbaustiele eines rechtsseitgen Arrangements wird in Abbildung 21 (Seite 28) gezeigt. Das linksseitige Arrangement wird genau spiegelbildlich aufgebaut.

Regeln des Einsteckens

Wie schon mehrmals erwähnt, fordert Rikka die Verwendung von vielen Pflanzenmaterialien, deshalb ist es außerordentlich wichtig, die Regeln des Steckens zu beachten.

Der erste Schritt ist, die folgende im allgemeinen anerkannte Reihenfolge wichtiger Stiele zu beachten.

1 Shin	9 Oha
2 Uke	10 Kusamichi
3 Soe	11 Irogiri
4 Hikae	12 Maeoki
5 Nagashi	13 Kusadome
6 Shoshin	14 Kidome
7 Do	15 Ushirogakoi
8 Mikoshi	

Der Shin wird immer zuerst eingesteckt und der Ushirogakoi immer zuletzt. Aber die Reihenfolge anderer Stiele kann je nach der Variation oder den verwendeten Materialien etwas geändert werden; die Einsteckpunkte müssen allerdings streng beachtet werden. Die Abbildung 21 zeigt die Standard-Einsteckpunkte wichtiger Stiele. Die Position des Maeoki entspricht dem vorderen Teil des Arrangements.

Der **Shin** liegt vom Betrachter aus gesehen direkt hinter dem Mittelpunkt.

Der **Uke** und der **Soe** werden auf der rechten beziehungsweise linken Seite des Shin eingesteckt.

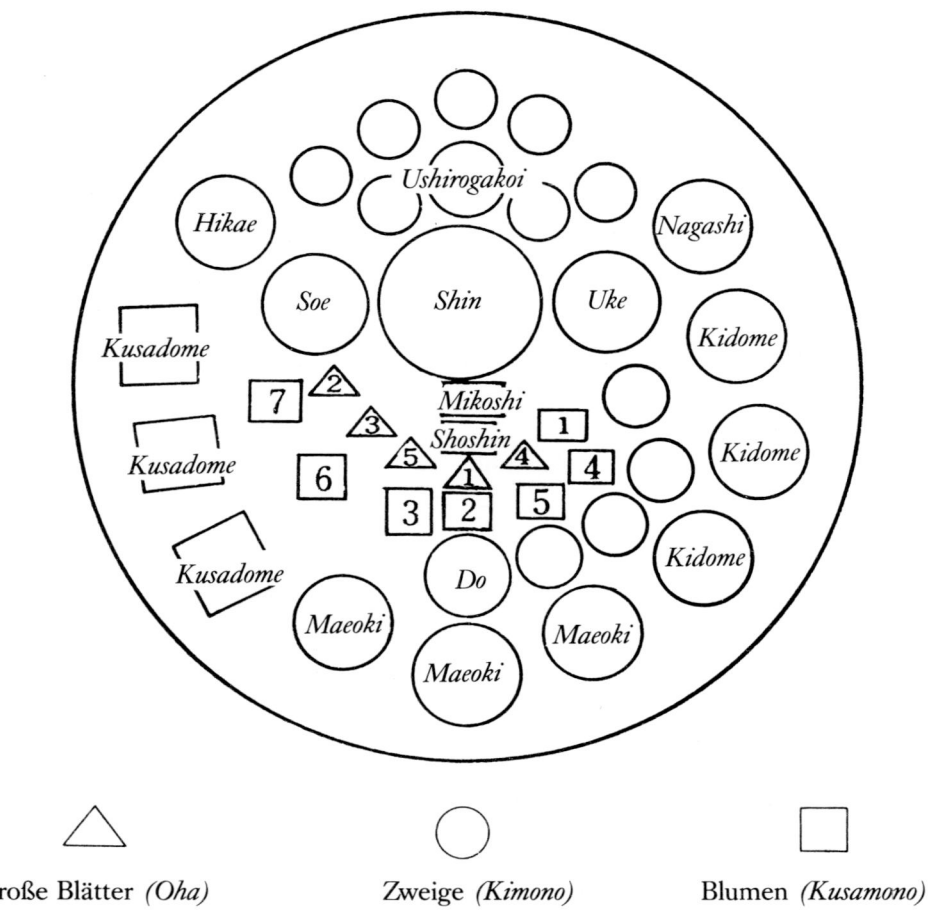

Große Blätter *(Oha)* Zweige *(Kimono)* Blumen *(Kusamono)*

Abb. 21 Einsteckpunkte für ein rechtsseitiges Arrangement mit Shoshin und Mikoshi aus Kusamono

Der **Hikae** wird hinten links vom Soe unter einem Winkel von ca. 45 Grad angeordnet und der **Nagashi** hinten rechts vom Uke auch unter einem Winkel von ca. 45 Grad.

Der **Shoshin** aus Kusamono (Blumen) wird vor dem Shin und der aus Kimono (Zweige) hinter dem Shin eingesteckt.

Der **Do** wird vor dem Shin eingesteckt, allerdings muß zwischen dem Do und dem Shin genügend Platz für den Oha und den Kusamichi gelassen werden.

Der **Mikoshi** aus Kimono (Zweige) wird rechts hinter dem Shin eingesteckt, während der aus Kusamono (Blumen) vor dem Shin, und zwar hinter dem Shoshin, wenn dieser auch aus Kusamono besteht, angeordnet wird.

Der **Oha** wird zwischen dem Shin und dem Do in einer Reihe gesteckt.

Der **Kusamichi** wird zwischen dem Oha und dem Do in einer Reihe angeordnet und führt immer zum Kusadome hin. Es gibt vier verschiedene

Steckweisen des Kusamichi (siehe Abbildung 14–17).

Der **Irogiri** wird in der Regel auf der Kidome-Seite des Do zum Nagashi (beziehungsweise zum Hikae) hin gesteckt.

Der **Maeoki** wird vor dem Do eingesteckt.

Der **Kusadome** wird in der Regel auf der linken Seite (Soe-Seite), der **Kidome** auf der rechten Seite (Uke-Seite) arrangiert, aber die Position hängt davon ab, wie die Verbindung der Kusamono beziehungsweise die der Kimono verläuft.

Der **Ushirogakoi** wird zuletzt hinter dem Shin, und hinter dem Shoshin (wenn dieser aus Kimono ist) eingesteckt.

Wenn diese feststehende Reihenfolge und die Einsteckpunkte beachtet werden, kann ein kompliziertes Rikka-Arrangement ohne Schwierigkeiten gestaltet, und ein runder, senkrechter Mizugiwa-Fuß gebildet werden. Die Beschreibung bezieht sich auf ein rechtsseitiges Arrangement. Für ein linksseitiges Arrangement werden die Positionen des Uke und des Soe sowie des Nagashi und des Hikae spiegelbildlich vertauscht, und der Mikoshi aus Kimono wechselt von der rechten auf die linke Seite. Abbildung 21 zeigt ein Arrangement, dessen Shoshin und Mikoshi aus Kusamono bestehen.

Mizugiwa-Fußpunkt

Alle Rikka-Arrangements müssen, unabhängig von der Form und Variation, senkrecht aus der Wasser-Oberfläche emporsteigen.

Der Bereich von der Wasseroberfläche bis zum untersten Teil des Maeoki heißt »Mizugiwa« (Wasserrand); der Stamm des Rikka muß hier in runder Form gebaut werden und senkrecht stehen.

Die Würde und Erhabenheit des Rikka werden durch den senkrecht steigenden Mizugiwa-Fuß ausgedrückt, während die Eleganz des Seika (= Shoka)-Stils durch den geneigten Mizugiwa-Fuß dargestellt wird.

Verbindungen (En)

Beim Rikka-Arrangement spricht man oft von »En« (Verbindungen); man unterscheidet die Verbindung von Zweigen (Ki no En) und die Verbindung von Blumen (Kusa no En).

Im Ikebana unterscheidet man zwei Gruppen von Material, Kimono (Zweige) und Kusamono (Blumen). Beim Rikka soll man besonders darauf achten, daß eine aus Kimono gebildete Reihe von einer aus Kusamono getrennt ist. Deshalb soll eine Reihe fortlaufender Einsteckpunkte vom Kusamono nicht von Kimono unterbrochen werden. So endet der Blumen-Paß (Kusamichi) immer an der Seite des Blumen-Abschlusses (Kusadome).

Außerdem sollen die Kusamono in der Regel vorn, die Kimono dahinter stehen; dieses Prinzip entspricht der Naturlandschaft, die meistens mit einer Wiese (Kusamono) vorn und Bergen (Kimono) im Hintergrund dargestellt wird. Außerdem gibt es Pflanzen, die von ihrer Eigenschaft her zwischen dem Kimono und dem Kusamono liegen. Sie werden »Tsuyomono« (Zwischen-Ding) genannt, aber sie werden in jedem Arrangement entweder den »Kimono« oder den »Kusamono« zugerechnet und entsprechend angeordnet.

Siehe die Abbildungen 14–17 (Seiten 22, 23), 21 und 197 (Seite 106), für die angewandte Verbindung.

Sugu-shin, Noki-shin und Sunanomono

Rikka-Arrangements können je nach der Stellung des Hauptstiels (Shin) in zwei Gruppen geteilt werden: Sugu-shin und Noki-shin.

Sugu-shin ist die Form, in welcher der Hauptstiel senkrecht im Arrangement steht (siehe Abbildung 23).

Noki-shin (auch Noki-jin genannt) ist die Form, in welcher der Hauptstiel (Shin) von der Mittellinie abbiegt. Für die Höhe des Shin-Biegungspunktes von der Mittellinie gibt es fünf Alternativen:

– die obere Stufe (Jodannoki)
– die normale Stufe (Tsunenoki)
– die mittlere Stufe (Chudannoki)
– die untere Stufe (Gedannoki)
– die Mizugiwa-Stufe (Mizugiwa-gedannoki)

Die obere Stufe liegt auf halber Höhe des Shin und die Mizugiwa-Stufe etwa 9 cm über der Wasseroberfläche. Die anderen Stufen liegen mit gleichen Abständen zwischen diesen beiden Punkten. Dabei ist die Höhe des Shoshin etwa ⅔ des Shin und etwa 60 cm über dem Mizugiwa; der Shoshin in Abbildung 22 ist deshalb 69 cm hoch.

Sunanomono (Sand-Arrangement) ist eine Abart des Noki-shin. Es wird in einem flachen Becken oder einer Schale mit breiter Öffnung arrangiert, und nach der Fertigstellung wird das Becken mit Sand gefüllt.

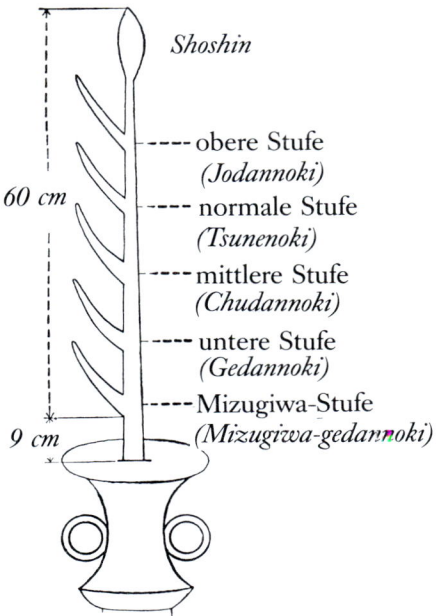

Abb. 22 Die Biegungspunkte des gebogenen Shin

Abb. 23 Shin no Shin

Es gibt zwei Formen des Sunanomono: das einteilige und das zweiteilige. Das einteilige Sunanomono (Hitokabu) hat nur einen Mizugiwa-Fuß, weil es nur aus einer Gruppe von Pflanzen besteht (Abbildung 28, Seite 32). Das zweiteilige Sunanomono (Futakabu) hat dagegen zwei Mizugiwa-Füße, weil es aus zwei Gruppen von Pflanzen besteht (Abbildung 29, Seite 32).

Das Verhältnis der Höhe zur Breite eines einteiligen Sunanomono ist etwa vier zu sechs, während die Breite eines zweiteiligen Sunanomono doppelt so groß wie die Höhe des Shin ist. Beim zweiteiligen Arrangement wird eine Gruppe wesentlich größer als die andere Gruppe gebaut; die größere Gruppe, die den Shin enthält, wird »männlicher Teil« (Okabu) genannnt und die kleinere Gruppe, die den Uke enthält, »weiblicher Teil« (Mekabu).

---

* Shin (Förmlichkeit) und Shin (Hauptstiel) sind zwei verschiedene Begriffe.

Shin, Gyo und So

Eine wichtige Rolle spielen im Ikebana die Begriffe Shin*, Gyo und So. Sie bezeichnen die Stufe der Förmlichkeit des Arrangements, des Materials, des Gefäßes, der Hilfsmittel und schließlich der Umgebung. Shin ist die strengste, So die lockerste und Gyo liegt dazwischen.

Werden die Rikka-Formen nach dem Förmlichkeitsschema eingeordnet, so spricht man

– bei Arrangements mit geradem Hauptstiel (Sugu-shin)
  von Blumen der Shin-Stufe (Shin no Hana),
– bei Arrangements mit gebogenem Hauptstiel (Noki-shin)
  von Blumen der Gyo-Stufe (Gyo no Hana) und
– bei Arrangements im Sandbecken (Sunanomono)
  von Blumen der So-Stufe (So no Hana).

Die drei Begriffe werden weiter in Unterbegriffe unterteilt; diese Unterteilung ist nicht einheitlich innerhalb der Ikenobo-Schule. In diesem Buch werden folgende Unterbegriffe verwendet:

Shin no Hana (= Sugu-shin)
  Shin no Shin
  Shin no Gyo
  Shin no So
Gyo no Hana (= Noki-shin)
  Gyo no Shin
  Gyo no Gyo
  Gyo no So
So no Hana (= Sunanomono)
  So no Shin
  So no Gyo
  So no So

Die Unterschiede liegen hauptsächlich in der Art der verwendeten Pflanzen und der Gestaltung.

Beim Shin no Hana (= Sugu-shin) kommt es auf das für den Shin gewählte Material an, zum Beispiel für die Shin-no-Shin-Form (Abbildung 23), auch »Goku-shin« (Super-Shin) genannt, werden Pflanzen mit symmetrischen Zweigbildungen (z.B. junge Kiefer oder Tanne) für den Shin verwendet. Für die Shin-no-Gyo-Form (Abbildung 24) werden dagegen die Pflanzen mit wechselweise gebildeten Zweigen (z.B. Japanische Zypresse) für den Shin gewählt. Für die Shin-no-So-Form (siehe Farbtafel 43) eignen sich Blumen (Kusamono) oder gerade wachsende Zweige mit herabhängenden Blättern (z.B. Bambus) für den Shin.

Abb. 24 Shin no Gyo

Abb. 25 Gyo no Shin

Abb. 26 Gyo no Gyo

Abb. 27 Gyo no So

Abb. 28 So no Shin

Abb. 29 So no Gyo oder So no So

32

Beim Gyo no Hana (= Noki-shin) ist die Höhe des Biegungspunktes des gebogenen Shin entscheidend. Die obere Stufe entspricht dem Gyo no Shin (Abbildung 25). Die normale und die mittlere Stufe entsprechen dem Gyo no Gyo (Abbildung 26) und die untere und die Mizugiwa-Stufe dem Gyo no so (Abbildung 27). Je tiefer der Biegungspunkt des Shin liegt, desto stärker wird der Shin gebogen.

Beim So no Hana (= Sunanomono) wird das einteilige Sunanomono als So no Shin (Abbildung 28) und das zweiteilige Sunanomono als So no Gyo oder So no So genannt. Zwischen dem So no Gyo und So no So gibt es eigentlich sehr wenig Unterschied. Ein zweiteiliges Sunanomono mit emporsteigendem Zweig als Shin (z.B. Kiefer) wird oft dem So no Gyo, ein zweiteiliges mit breit schwebendem Zweig wie Weide dagegen dem So no So zugerechnet. Das abgebildete Arrangement (Abbildung 29) ist ein So no Gyo mit einer Tendenz zum So no so, weil es auch ziemlich breit ist. »So« vermittelt oft den Eindruck von Breite und Räumlichkeit, deshalb wird eine breitere Form stets dem »So« zugerechnet.

Nach einer anderen Auffassung bedeutet »So no Gyo« ein zweiteiliges Sunanomono, in dem Shoshin und Maeoki in beiden Teilen vorhanden sind, und »So no So« ein zweiteiliges Sunanomono, in dem Shoshin und Maeoki nur in einem Teil vorhanden sind.

In den überlieferten Arrangements in diesem Buch wird die Förmlichkeit meistens nur nach dem Oberbegriff (Shin, Gyo und So) klassifiziert. Die Unterbegriffe (Shin no Shin, Gyo no So usw.) werden nur dann angegeben, wenn der Unterbegriff verdeutlicht wird, oder wenn er für die Würdigung des Arrangements wichtig ist.

Technik

Rikka-Gefäße

Gefäße für Rikka-Arrangements haben verschiedene Formen und sind im allgemeinen aus Bronze, Eisen oder Porzellan hergestellt.

Die klassischen Gefäße können trichter-, napf-, diamantenförmig oder quadratisch sein, oder auch flach wie ein Becken oder eine Schale mit breiter Öffnung (Sunabachi oder Suiban) für Sunano-mono-Arrangements sein (Abbildung 30).

Manche tragen Namen wie Son-form (vom chinesischen zeremoniellen Gefäß für Opferwein »Tsun« abgeleitete Form), Futaku-form (Glockenform), Koro-form (Form eines Räuchergefäßes),

usw. Andere haben Zierhenkel, deren Formen oft von Drachen, Ringen, Phönix, Löwen, Elefanten, Hasen oder Schmetterlingen abgeleitet sind. Beim nachgeahmten Tierpaar öffnet in der Regel eines seinen Mund, während das andere ihn schließt.

Solche traditionellen Formen haben ein majestätisches und würdevolles Aussehen. Sind Gefäße in alten Formen neu hergestellt, so vermitteln sie jedoch eine moderne Stimmung.

Man kann ein Gefäß auswählen, das mit dem Arrangement gut harmoniert, dabei spielte früher die Förmlichkeit eine entscheidende Rolle. Gefäße der Shin-Stufe der Förmlichkeit passen gut zu einem Shin-Arrangement, während ein So-Arrangement in einem So-Gefäß am besten zur Geltung

Abb. 30 Rikka-Gefäße

Bronzevase mit Löwenzierhenkeln

Bronzebecken *(Sunabachi)*

Son-förmige Bronzevase
(abgeleitet vom zeremoniellen Gefäß)

34

Abb. 31 Werkzeuge und Hilfsmittel für Rikka-Arbeiten

kommt. Heute werden diese Regeln nicht mehr sehr streng eingehalten. In der Tat gibt es neuerdings Rikka-Arrangements auch ohne Gefäße (siehe Tafel 36).

Werkzeuge und Hilfsmittel

Außer den im Ikebana im allgemeinen verbreiteten Werkzeugen wie Schere, Ikebana-Pumpen usw. sind für Rikka-Arbeiten verschiedene Werkzeuge und Hilfsmittel zusätzlich erforderlich, wie sie in Abbildung 31 zu erkennen sind. Eine kurze Erläuterung wird im folgenden gegeben:

1 Fußverlängerung (Ashi)
  Ein Holz- oder Bambusstäbchen, das eine zu kurze Aufbaupflanze verlängert. Dieses erleichtert auch das Einstecken der Pflanze in das Strohbündel (siehe Seite 36).
2 Draht
  Stahl- und Kupferdrähte verschiedener Stärke. Wenn sie im Arrangement sichtbar bleiben, werden sie mit braunem oder grünem Papier umwickelt.

3 Elektrische Bohrmaschine
  Für das Bohren in hartem Material ist eine Bohrmaschine hilfreich. Auch Bohrer verschiedener Stärke sind notwendig.
4 Handbeil
  Großes und kleines Beil. ein einseitiges Beil ist besser geeignet und auch leichter zu schleifen.
5 Säge
  Sägen mit feinen und groben Zähnen. Die feine ist für frisches Material (Namamono), die grobe für getrocknetes Material (Karemono) geeignet.
6 Wasserbehälter (Ukezutsu)
  Ein trichter- oder zylinderförmiger Behälter aus Kupfer oder Bambus. Er wird an der Fußverlängerung befestigt und dient dazu, Blumen oder andere empfindliche Pflanzen zu verlängern.
7 Meißel
  Einige Meißel mit verschiedenen Schneiden sind nützlich.
8 Zange
  Nötig zum Herausziehen von Nägeln.
9 Ahle
  Große und kleine Ahle sind zweckmäßig.
10 Hammer
  Großer und kleiner Hammer sind handlich.
11 Bürste oder Borstenpinsel
  Zweckmäßig, um Zweige sauberzumachen.

35

Abb. 33 Ein Bündel Stroh wird mit den Ähren nach oben gehalten und gesäubert.

Abb. 34 Der obere Teil wird gerade abgeschnitten.

Abb. 35 Das Bündel wird mit Hanfschnur zusammengebunden.

12 Verbandstift oder Stahlnadel (Aikugi)
   Um zwei Zweige zu verbinden, eignen sich Verbandstifte oder Stahlnadeln. Sie werden in verschiedenen Stärken gebraucht.

13 Nägel
   Dicke, dünne, lange und kurze Nägel werden benötigt.

14 Krampe (Kasugai)
   Krampen mit Doppelspitzen sind für das Fundament eines Rikka-Aufbaus handlich.

Andere nützliche Werkzeuge und Hilfsmittel sind Schrauben, Schraubenzieher, Messer, Hanfschnur (um das Strohbündel zu binden), grünes oder braunes Floraband, Kleister und »Decorspray« (um Zweige zu färben).

Strohbündel

Ein Bündel von Stroh, das als Steckvorrichtung für den Rikka-Aufbau in das Innere der Vase gesteckt wird, heißt »Komiwara«, »Warakubari« oder »Waragomi«.

Das Bündel soll fest genug sein, so daß die Aufbaupflanzen an der richtigen Stelle festgehalten werden. Wenn das Bündel zu locker ist, werden die Pflanzen nicht in ihrer Position gehalten. Ist das Bündel dagegen zu fest, ist es zu schwierig, Pflanzen darin einzustecken. Je mehr Zweige eingesteckt werden, desto fester soll ein Bündel werden. Die

Abb. 32 Stroh, Hanfschnur und Schere sind vorbereitet. Die richtige Länge des Strohbündels ist die Länge vom Boden der Vase bis etwa 2 cm unter dem Vasenrand. Das Maß läßt sich mit einem Strohhalm (Maßstrohhalm) ermitteln.

Abb. 36 Bindemethode (zweimal
um das Bündel)

Abb. 37 Die Schnur wird fest
verknotet

Abb. 38 Der obere Teil wird auf
die Länge, die dem Maßstrohhalm
(siehe Abbildung 32) entspricht,
zugeschnitten

Abb. 39 Mit dem gleichen Maßstrohhalm werden mehrere gleich
mäßige Strohbündel hergestellt;
sie sollen zusammen so dick
werden, daß sie genau in die
Öffnung der Vase passen.

Abb. 40 Mehrere kleine Strohbündel werden
zusammengebunden, zuerst in der Mitte, dann
unten, und oben. In der Mitte und unten ist
das Bündel fest zu binden; oben lockerer. Weil
die Schnur am oberen Ende beim Binden leicht
abrutscht, bindet man sie zunächst weiter in
der Mitte und schiebt dann die gebundene
Schnur nach oben zum Rand.

Abb. 41 Das fertiggebundene
Strohbündel wird in die Vase
geschoben

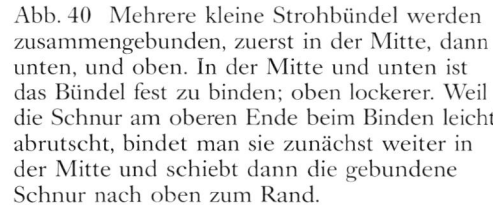

richtige Festigkeit ist gegeben, wenn der erste Zweig gerade aufrecht steht und der letzte der allerletzte ist, der sich gerade noch hineinstecken läßt.

Die Herstellung von Strohbündeln mag als eine lästige Mühe erscheinen, aber ein gutes Strohbündel ist als Fundament für den weiteren Aufbau sehr wichtig. Die Beherrschung dieser Technik ist unerläßlich für jeden angehenden Rikka-Meister. Viel Übung ist notwendig, um das geeignete Stroh auszuwählen, ein Bündel daraus zu machen und es schließlich zusammenzubinden.

Nur starkes und handfestes Stroh ist brauchbar. Der unterste Teil dicht an der Wurzel soll entfernt werden; obwohl er stabil aussieht, ist dieser Teil in Wirklichkeit zu morsch. Weiches Stroh gibt ein schwaches Fundament, das die Zweige nicht zusammenhält, und auch das Vasenwasser wird dadurch schnell verseucht.

Die Herstellung eines Strohbündels wird in den Abbildungen 32–42 gezeigt.

Abb. 42 Das Strohbündel ist jetzt fest in der Vase eingesteckt

Verlängerung und Verbindung

Im Prinzip brauchen alle Aufbaupflanzen in einem Rikka-Arrangement Fußverlängerungen, ob es sich um Ubudate oder Mikizukuri handelt. Weil viele Pflanzen eingesteckt werden müssen, ist es sehr schwierig, in der begrenzten Oberfläche des Strohbündels alle mit ihren natürlichen, ungleichmäßigen Stielen unterzubringen, deshalb sind hier gerade, dünne und spitze Fußverlängerungen besser geeignet.

Jeder Fuß muß unabhängig vom Material senkrecht stehen. Zypresse ist am besten als Material für Fußverlängerungen geeignet. Der Fuß muß ein rundes Holzstäbchen mit einem spitzen Ende sein; die Stärke des Holzfußes entspricht der Stärke des Zweiges, der verlängert wird.

Zuerst wird der gewünschte Winkel des Zweiges festgestellt, der angeordnet werden soll, und der Holzfuß wird rechtwinklig zu dem Zweig befestigt. Man nagelt ihn nicht direkt an den Zweig, sonst könnte er sich spalten. Zuerst durchbohrt man den Zweig mit einem Drillbohrer oder einer elektrischen Bohrmaschine, dabei soll ein dünner Zweig vorher mit einem Draht umwickelt werden, um das Spalten beim Bohren zu vermeiden.

Der Holzfuß soll nicht seitlich am Zweig sondern an seinem abgeschnittenen Ende befestigt werden. Dies ist für das Einstecken zahlreicher Zweige in einem Arrangement wichtig, weil unnötige Hindernisse dadurch vermieden werden. Es soll immer vom Holzfuß her, und nicht vom Zweig her genagelt werden.

Um einen kleinen Trieb an einem Zweig zu befestigen, z.B. beim Mikizukuri-Aufbau, eignet sich

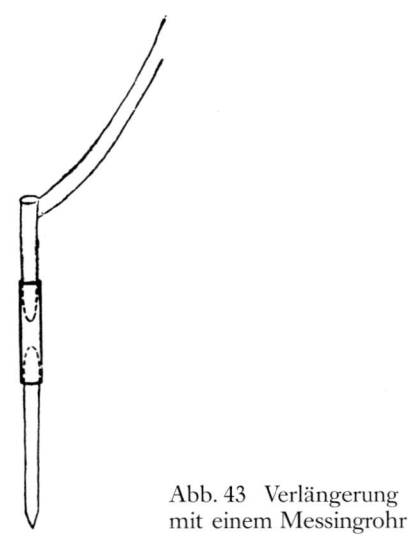

Abb. 43 Verlängerung mit einem Messingrohr

ein Verbindungsstift in Form einer Stahlnadel am besten. Das abgeschnittene Ende wird vorher mit einem Draht umwickelt, damit der Stiel sich nicht spaltet, dann werden die Zweige mit dem Stift verbunden. Bei harten Zweigen wie Zypresse oder Wacholder sollte zuerst ein Loch mit einem feinen Bohrer vorgebohrt werden. Bei weichen Zweigen wie Kiefer oder Weide darf kein Loch gebohrt werden, denn sonst hält der Stift die Zweige nicht.

Wenn Zweige dick sind, kann man die Technik von »Zapfen und Zapfenloch« (Ari und Hodo) verwenden. Diese Technik ist für den Rikka-Aufbau unentbehrlich, deshalb wird sie beim Mikizukuri-Aufbau (Seiten 60–61) ausführlich dargestellt.

Eine andere Methode, Zweige zu verlängern oder zu verbinden, ist eine Messingrohrtechnik (Abbildung 43). Diese Methode ist sehr praktisch, um ein fertiges Arrangement zu transportieren. Das Arrangement kann schnell zerlegt und wieder zusammengebaut werden. Diese Messingrohrmethode macht es auch leichter, die Länge des verlängerten Zweiges beliebig zu verstellen.

Auch ein Ukezutsu-Behälter (Abbildung 31, Nr. 6) kann zweckmäßig verwendet werden, um Zweige zu verlängern. Wenn die Strohbündeloberfläche zu überfüllt ist, kann ein Ukezutsu besonders nützlich sein, weil er mehrere Stiele auf einmal mit einem Fuß verlängern kann.

Übung 1
Rikka im heute typischen Aufbau

Die Tafel 1 zeigt ein Rikka-Arrangement mit geradem Shin (Sugu-shin) in rechtsseitiger Anordnung; Kiefer als Shin, Uke und Hikae bildet das Grundgerüst dieses Arrangements. Dazu verleihen Bänderweide für den Soe, Weidenkätzchen für den Na-gashi und Sicheltanne für den Mikoshi eine allgemeine weiche Wirkung. Technisch zeigt dieses Arrangement eine heute typische Aufbaumethode.

Im folgenden wird die Entstehung dieses Arrangements Schritt für Schritt erläutert.

Material
Shin: Schwarzkiefer *(Pinus thunbergii)*
Uke: Schwarzkiefer
Hikae: Schwarzkiefer
Soe: Bänderweide *(Salix sachalinensis)*
Nagashi: Weidenkätzchen
Mikoshi: Sicheltanne *(Cryptomeria japonica)*
Oha-shita: Sicheltanne
Shoshin: Iris (Iris-Hollandica)
Kusamichi: Iris und Osterglocken (positiver Weg)
Kariha: Blätter von Shaga *(Iris japonica)*
Oha: Mispelblätter
Do: verwittertes Holz und Wacholder
Maeoki: Buchsbaum
Irogiri: Spindelstrauch *(Euonymus japonica)*
Uke-shita: Eibe
Hikae-ue: Eibe
Kidome: Kamelie
Kusadome: kleine Chrysanthemen
Ushirogakoi: junge Kiefer
Gefäß
Son-förmige Bronzevase (Son ist ein zeremonielles Gefäß)
Untersatz
erhöhter Holzuntersatz
Form des Arrangements
Sugu-shin
rechtsseitig
Förmlichkeit: Shin

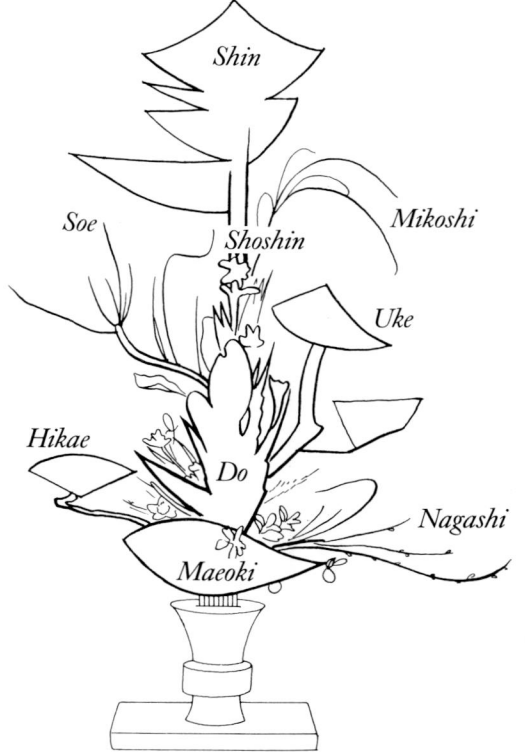

Tafel 1

Shin

Zunächst wird ein Shin-Ast gewählt, der mit Trieben verziert werden soll. Dann wird ein Verlängerungsstab an dem Zweig befestigt und senkrecht in das Strohbündel am Shin-Einsteckpunkt eingesteckt. Ein Kieferntrieb mit dicht gewachsenen Nadeln wird gewählt, um dem Shin-Ast eine schirmförmige Spitze zu geben. Wenn er zu wenig Nadeln hat, ist es schwierig, eine gute Form daraus zu machen. Danach wird der unterste Trieb (Ichi no Eda) befestigt. Anschließend kommt der mittlere Trieb, damit eine dreistufige Spitze gestaltet wird, die »Kuzushi-kasamatsu« (gelockerter Kiefernschirm) genannt wird (siehe Abbildung 8, Seite 18).

Abb. 44 Material für den Shin

Abb. 45 Die Triebe sind befestigt

Abb. 46 Die Triebe werden geformt

Abb. 47 Die Shin-Spitze aus gelockertem Kiefernschirm ist fertig

Abb. 48 Der fertiggestellte Shin steht in der Vase

Uke

Ein Ast, der auch mit Kieferntrieben verziert werden soll, wird für den Uke abgeschnitten und an einem Stab befestigt. Da dieses Arrangement rechtsseitig gestaltet wird, soll der Uke-Zweig etwa 45 Grad nach rechts hinten gerichtet werden. Der Verlängerungsstab des Uke muß fest an dem Ver-

längerungsstab des Shin befestigt werden. Zunächst wird eine schirmförmige Kiefer an der Spitze des Uke-Astes befestigt und dann wird der unterste Trieb darunter befestigt. Zwischen den beiden werden noch weitere kleine Triebe hinzugefügt, um die Lücke auszufüllen.

Abb. 49 Der Uke-Ast wird abgeschnitten

Abb. 50 Der Uke-Ast ist fertig

Abb. 51 Der Uke-Ast ist rechts neben dem Shin eingesteckt

Abb. 52 Zunächst wird die schirmförmige Kiefernspitze befestigt, und dann der unterste Trieb

Abb. 53 Die Triebe werden geprüft

Abb. 54 Der Uke-Zweig ist fertig

Abb. 55 Der Shin und der Uke stehen in der Vase

Abb. 56 Material für den Hikae

Abb. 57 Der Hikae-Ast ist fertig

Abb. 58 Der Hikae ist auf einem Stab befestigt und in seiner endgültigen Position eingesteckt

Abb. 59 Formen der Kiefernnadeln

Abb. 60 Der Kieferntrieb wird an der Spitze des Hikae-Astes befestigt

Abb. 61 Der Shin, der Uke und der Hikae stehen in der Vase

Hikae

Der Hikae wird in zurückhaltender Art gestaltet. In diesem Fall wurde ein schlüsselförmiger Ast gewählt. Ein Stab wird an dem Ast befestigt, dabei muß man darauf achten, daß der Hikae etwa 45 Grad nach links hinten gerichtet wird. Die Kieferntriebe für die Spitze des Hikae-Astes sollen flach aussehen, und sollten nicht zu viele, aber auch nicht zu wenige Nadeln haben.

Soe und Nagashi

Leicht gebogene Bänderweide wird für den Soe und ebenfalls biegsame Weidenkätzchen für den Nagashi gewählt.

Ein Ukezutsu-Behälter, der die Bänderweide hält, wird auf der linken Seite des Shin in die Position des Soe eingesteckt. Zwei Weidenzweige werden am Fuß dicht zusammengebunden und in die gleiche Richtung wie der unterste Trieb des Shin, fast parallel zu ihm, gerichtet. Sie fügen sich harmonisch in den gegebenen freien Raum ein.

Die »Weidenkätzchen« für den Nagashi werden ebenfalls an einem Holzstab unter einem Winkel von etwa 90 Grad befestigt und nach rechts hinten gerichtet. Dabei muß man darauf achten, daß der längste Weidenstiel wieder nach vorn gedreht wird, und daß seine Spitze nach oben zeigt. Wenn der Kopf des Nagashi hängt, wirkt er zu schwach.

Abb. 62 Material für den Soe und den Nagashi

Abb. 63 Der Soe-Zweig wird geformt

Abb. 64 Der Soe wird in der Soe-Position eingesteckt

Abb. 65 Die Spitze des Soe wird richtig gebogen

Abb. 66 Das Arrangement bis zum Soe ist fertig

Abb. 67 Der Nagashi ist hinzugefügt

Vorbereitung von Blumen für Shoshin und Kusamichi

In diesem Arrangement werden Iris (Iris-Hollandica) für den Shoshin, und Iris und Osterglocken für den Kusamichi verwendet. Diese Blumenmaterialien werden jetzt vorbereitet, zusammen mit Blättern von Shaga *(Iris japonica)* als geliehene Blätter (Kariha). Dabei muß man auf die Biegung der Irisblätter (von Iris-Hollandica sowie von *Iris japonica*) achten. Die nach rechts gebogenen Blätter sind »Lichtblätter« und die nach links gebogenen »Schattenblätter«. Für die Lichtseite des Kusamichi werden Lichtblätter, für die Schattenseite Schattenblätter verwendet. Für den Shoshin werden dagegen neutrale Blätter (ziemlich gerade gewachsene Blätter) ausgesucht.

Ein kurzer Draht wird vom abgeschnittenen Ende des Stiels (von Iris und Osterglocken) eingeführt, und der Stiel wird an dem Stab befestigt. An der Verbindungsstelle wird ein nasses Papier oder Moos befestigt und mit Floraband umwickelt. Wenn die Blätter zu lang sind, werden sie schräg zugeschnitten.

Shoshin

Für den Shoshin werden zwei Irisblütenstiele und drei Blätter von Shaga gewählt; sie müssen neutrale Blätter und gerade Stiele haben.

Abb. 68 Material für den Shoshin und den Kusamichi

Da die Spitze des Shoshin etwa 7 bis 9 Zentimeter unter dem untersten Trieb des Shin liegt, wird ein Ukezutsu-Behälter in entsprechender Höhe vor den Shin gestellt. Ein hoher Irisblütenstiel und ein niedriger Stiel werden zusammen mit einer Gruppe von Shaga-Blättern in den Ukezutsu-Behälter senkrecht eingesteckt. Die Iris und die Osterglocken für den Kusamichi werden erst nach dem Aufbau des Do gesteckt.

47

Abb. 69 Die Iris (Iris-Hollandica), Osterglocken und Blätter von Shaga (*Iris japonica*) als Karaiha (geliehene Blätter) sind vorbereitet; die oberen linken zwei Irisgruppen und eine Blättergruppe dazwischen sind für den Shoshin vorgesehen, die übrigen für den Kusamichi reserviert.

Abb. 70 Der Shoshin ist im Ukezutsu-Behälter eingesteckt

Mikoshi

Der Verzweigungspunkt des Mikoshi liegt 10 cm niedriger als die Spitze des Shoshin. Weil der Mikoshi aus Sicheltanne besteht (d.h. aus Kimono), wird er rechts hinter dem Shin eingesteckt. Besteht er aus Kusamono, wird er vor dem Shin eingesteckt. Zuerst wird der Mikoshi etwa 45 Grad nach rechts hinten gerichtet, dann wird seine Spitze nach vorn gedreht.

Abb. 71 Material für den Mikoshi

Abb. 72 Der Mikoshi ist angeordnet

48

Abb. 73 Zwei Licht- und drei Schattenblätter sind für den Oha vorbereitet.

Abb. 74 Das große neutrale Schattenblatt wird in der Mitte angeordnet.

Abb. 75 Der Winkel des ersten Lichtblattes wird entschieden

Abb. 76 Die Höhe des Oha wird abgemessen

Abb. 77 Der Holzfuß wird auf die richtige Länge abgeschnitten

Abb. 78 Das letzte Oha-Blatt wird angeordnet

Oha

In diesem Arrangement werden für den Oha fünf Mispelblätter verwendet. Die Blätter, die ihre Oberseite nach vorn zeigen, sind Lichtblätter, die Blätter, die ihre Unterseite nach vorn zeigen, sind Schattenblätter. Es wird in jedem Arrangement immer ein Schattenblatt mehr als Lichtblätter benutzt. Außerdem teilt eine Blattader das Blatt in zwei Teile. Von der Unterseite des Blattes betrachtet, ist die breitere Seite die Lichtseite, die schmale die Schattenseite.

Bei der Auswahl von Blättern für den Oha muß jedes Blatt sorgfältig betrachtet werden. Für den Oha in der Mitte vorn muß ein großes, relativ neutrales Schattenblatt, dessen Blattader ungefähr in der Mitte des Blattes liegt, gewählt werden. Dann wird das eine Lichtblatt zwischen dem Shin und dem Soe, und das andere Lichtblatt unter dem Soe, parallel zu ihm angeordnet. Davor wird noch ein Schattenblatt gesteckt, und das dritte Schattenblatt wird rechts vor dem neutralen Mittelblatt angeordnet; es werden also drei Schatten- und zwei Lichtblätter für den Oha benutzt. Bei jedem Lichtblatt wird ein Draht durch die Unterseite des Blattes, bei jedem Schattenblatt durch die Oberseite, eingeführt und an einem Stab befestigt. Ein nasses Papier wird um die Verbindungsstelle gewickelt und mit Floraband verdeckt.

Abb. 79 Die Oha-Reihe ist fertig

Abb. 80 Das Arrangement bis zum Oha ist fertig

Abb. 81 Material für den Do: verwittertes
Holz und Wacholder

Do

Der Do besteht aus einem verwitterten Holz und
Wacholderzweigen. Die Idee dabei ist, ihm eine
Form zu geben, in welcher die scharfe, schwertar-
tige Kante des Holzes durch das Grün der Wacholder sichtbar ist. Der Do wirkt dadurch wesentlich
massiver.

Zuerst wird das verwitterte Holz an dem Stab
befestigt und der Stab wird in das Strohbündel eingesteckt, dabei muß genügend Platz hinten für den
Kusamichi und vorn für den Maeoki gelassen werden. Dann werden Wacholder an dem Holz befestigt. Während die Form des Do entsprechend dem
Ikenobo-Shoka-Prinzip (Shin, Soe und Tai) gestaltet wird, muß die ganze Form etwas kantig gebaut
werden.

Abb. 82 Das verwitterte Holz ist eingesteckt

Abb. 83 Seitenansicht des Do-Fundaments

Abb. 84 Wacholder wird an dem Holz befestigt

Abb. 85 Die richtige Form wird bedacht

Abb. 86 Der Wacholder wird auf
die richtige Länge zugeschnitten

Abb. 87 Seitenansicht des fertigen Do

Abb. 88 Das Arrangement
bis zum Do ist fertig

Irogiri

Der Irogiri ist ein Nebenstiel, der zwischen zwei ähnlich aussehenden Zweigen (hier zwischen dem Do aus Wacholder und dem Maeoki aus Buchsbaum) gesteckt wird, um dort die Grenze zu verdeutlichen und Abwechslung zu schaffen. »Trennung ohne Unterbrechung« ist die Funktion des Irogiri. In diesem Arrangement wird Spindelstrauch auf der Nagashi-Seite des Do in einer versteckten Weise angeordnet.

Abb. 89 Material für den Irogiri

Abb. 90 Der Irogiri wird auf der Seite des Nagashi im Do befestigt

Abb. 91   Der Irogiri ist eingesteckt

Abb. 92   Das Arrangement
bis zum Irogiri
ist fertig

Kusamichi

Die Iris, die Osterglocken und die Blätter von Shaga
als Kariha wurden bereits vorbereitet (siehe Abbildung 69).

Weil es wichtig ist, Blumen mit Wasser zu versorgen, werden Ukezutsu-Behälter für die Kusamichi-
Blumen benutzt.

In diesem Arrangement wird der Kusamichi im
positiven Weg (Junkusa-ori) gestaltet (siehe Abbildung 14), d.h. die Blumen werden zunächst unterhalb des Uke, dann durch den Do bis zum Hikae
hin angeordnet.

Zuerst werden die Lichtblätter von Shaga *(Iris
japonica)* als Kariha rechts unter dem Mikoshi gesteckt. Vor diesen Blättern werden ein Irisblütenstiel und Shaga-Blätter angeordnet. Eine zweite
Gruppe von Irisblütenstielen und Shaga-Blättern
wird unterhalb des Uke, und eine dritte Gruppe
hinter dem Do plaziert. Eine Osterglocke wird zwischen dem verwitterten Holz und dem Wacholder
gesteckt und eine zweite darunter. Die dritte Osterglocke wird hoch über der zweiten nach links hinten gerichtet. Anschließend wird eine besonders
schöne, lange Osterglocke als letzte dicht am
Hikae angeordnet.

Abb. 93   Eine gelbe Osterglocke wird unter dem Soe als
ein Teil des Kusamichi gesteckt

Abb. 94 Vorbereitung von Shaga-Blättern für den Kariha

Abb. 95 Seitenansicht des fertigen Kusamichi

Abb. 96 Vorderansicht des fertigen Kusamichi

Maeoki

Der Maeoki wird ganz vorn im Arrangement, und zwar horizontal arrangiert. Es ist sehr wichtig, daß er nicht langweilig flach aussieht. Durch Üppigkeit der Blätterbildung wird eine dreistufige Form gebaut: hoch auf der linken Seite, niedrig auf der rechten und noch niedriger auf der vorderen Seite.

Ashirai

In diesem Arrangement wird Eibe als Ergänzung (Ashirai) für den freien Raum unter dem Uke (Uke-shita) und über dem Hikae (Hikae-ue) gesteckt. Außerdem wird ein kleiner Stiel von einer Sicheltanne unter dem Oha (Oha-shita) angeordnet. Dieser Ergänzungsstiel verhindert eine Einseitigkeit

Abb. 97 Material für den Maeoki

Abb. 98 Die Maeoki-Zweige sind vorbereitet

54

Abb. 99 Seitenansicht des
fertigen Maeoki

Abb. 100 Vorderansicht des
fertigen Maeoki

Abb. 101 Das Arrangement bis zum
Maeoki ist fertig

des Aufbaus. Die Verwendung eines Materials auf nur einer Seite, nennt man »Katazukuri« (einseitiger Aufbau); sie ist im Rikka-Arrangement unbeliebt. So wird Sicheltanne, die auf der rechten Seite als Mikoshi verwendet wurde, jetzt auch auf der linken Seite als Ashirai angeordnet.

Kidome und Kusadome

Kidome und Kusadome werden beide mit wenig Material gestaltet, und zwar nach dem Ikenobo-Shoka-Prinzip (Shin, Soe und Tai).

In diesem Arrangement wurden Kamelien als Kidome und kleine Chrysanthemen als Kusadome

Abb. 102 Material für den Uke-shita und den Hikae-ue

Abb. 103 Material für den Kidome und den Kusadome

Abb. 104 Die Kidome-Zweige und die Kusadome-Blumen sind vorbereitet

Abb. 105 Der Uke-shita, der Hikae-ue, der Oha-shita, der Kidome und der Kusadome sind hinzugekommen

verwendet. Die Kamelien werden auf der rechten Seite im unteren Teil des Do angeordnet und wenden ihre Gesichter dem Nagashi zu. Chrysanthemen werden auf der linken Seite im unteren Teil des Do angeordnet und wenden ihre Gesichter dem Hikae zu.

Wenn der Kusadome auf der Hikae-Seite angeordnet wird (wie hier), wird er höher als der Kidome angeordnet; kommt dagegen der Kidome auf die Hikae-Seite, so wird dieser höher als der Kusadome angeordnet. Die Menge des Materials hängt von der gesamten Blumenform ab.

Abb. 106 Der Kidome, gesehen von der Schattenseite (Uke-Seite)

Abb. 107 Der Kusadome, gesehen von der Lichtseite (Soe-Seite)

Ushirogakoi

Der Ushirogakoi wird hinter dem Shin eingesteckt und seine Höhe ist auf die Höhe des Shoshin begrenzt. Die Anzahl der Ushirogakoi-Zweige ist nicht geregelt; hier wurden drei junge Kiefernzweige verwendet. Diese Kiefernzweige werden ebenso weit nach hinten gerichtet wie der Maeoki nach vorn.

Zum Schluß ist es sehr wichtig, das ganze Arrangement noch einmal von allen Seiten sorgfältig anzusehen, um die überflüssigen Teile wegzuschneiden oder die notwendigen hinzuzufügen.

Abb. 108 Material für den Ushirogakoi

Abb. 109 Die Ushirogakoi-Zweige sind vorbereitet

Abb. 110 Der Ushirogakoi, von hinten gesehen

Abb. 111 Seitenansicht des fertigen Arrangements (von der Lichtseite gesehen)

Abb. 112 Seitenansicht des fertigen Arrangements (von der Schattenseite gesehen)

Übung 2
Mikizukuri-Aufbau

Mikizukuri ist eine Rikka-Methode, die das Grundgerüst des Arrangements mit kahlen Ästen aufbaut, die mit Trieben und Blättern hinterher verziert werden. Man ist nicht mehr so stark vom verfügbaren Material abhängig und kann ein Arrangement genau nach seinem Entwurf gestalten.

Ursprünglich gab es nur Ubudate (mit natürlichen Pflanzen). Dann kam Mikizukuri auf. Eine zeitlang wurden die beiden Methoden streng auseinandergehalten: Mikizukuri-Arrangements verwendeten keine einzige natürliche Pflanze und Ubudate nur natürliche.

Heute ist ein reines Mikizukuri sehr selten geworden und man spricht oft schon dann von »Mikizukuri«, wenn etwa drei Aufbaustiele oder fünf Teile eines Arrangements mit künstlich geformten Pflanzen aufgebaut sind.

Fußverlängerungen für die natürlichen Pflanzen sind übrigens keine Mikizukuri-Methode, sondern normale, auch für den Ubudate verwendete Rikka-Technik.

Tafel 2 zeigt ein Beispiel für den heutigen Mikizukuri-Aufbau. Dieses Arrangement besteht aus drei künstlich gebauten Aufbaustielen, Shin, Uke und Hikae; die restlichen Aufbaupflanzen sind ohne künstliche Teile aufgebaut.

Um ein Gerüst aus kahlen Ästen zu bilden, ist die Technik mit »Zapfen und Zapfenloch« (Seiten 60–61) am besten geeignet, aber auch andere Verlängerungs- und Verbindungsmethoden, wie sie auf der Seite 38 dargestellt wurden, können zweckmäßig angewandt werden.

Allerdings darf man nicht übertreiben. Wenn zu viele Kurven mit kleinen Zweigen geschaffen werden, und wenn ein Übermaß von Blättern befestigt wird, ergibt sich keine gute Form. Selbst beim künstlichen Mikizukuri-Aufbau muß man die natürliche Eigenschaft des Zweiges studieren. Ist der Zweig von der Natur her gut gebogen, ist es relativ einfach, eine schöne gebogene Form daraus zu machen und auch Triebe und Blätter daran gut zu befestigen.

Material
Shin: Rotkiefer *(Pinus densiflora)*
Uke: Rotkiefer
Hikae: Rotkiefer
Soe: Azalee *(Rhododendron pentaphyllum)*
Nagashi: Azalee
Mikoshi: Spierstrauch *(Spiraea cantoniensis)*
Shoshin: Japanische Iris *(Iris laevigata)*
Kusamichi: Japanische Iris (positiver Weg)
Kariha: Blätter von Shaga *(Iris japonica)*
Oha: Mispelblätter
Do: Japanische Zypresse *(Chamaecyparis obtusa)*
Uchi-soe: Eibe
Oha-shita: Eibe
Uke-shita: Eibe
Maeoki: karmesinrote Azalee *(Rhododendron obtusum)*
Kidome: karmesinrote Azalee
Kusadome: Ringelblumen
Ushirogakoi: junge Kiefer
Gefäß
trompetenförmige Bronzevase
Form des Arrangements
Noki-shin (Biegungspunkt: normale Stufe)
rechtsseitig
Förmlichkeit: Gyo

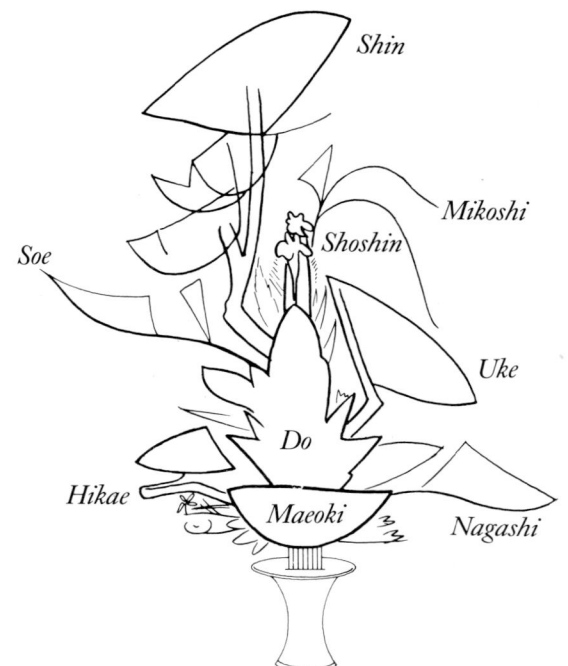

Tafel 2

59

Zapfen (Ari) und Zapfenloch (Hodo)

Zuerst wird ein Ast gewählt und der Winkel des zu befestigenden Astes wird festgelegt; entsprechend dem Winkel wird das Ende des Astes schräg abgeschnitten. Mit einer Säge und einem Meißel wird ein Zapfenloch auf dem abgeschnittenen Ende ausgeschnitten. Ein Zapfen, der in das Zapfenloch hineinpaßt, wird aus einem Holz ausgeschnitten und der Zapfen wird an dem geschnittenen Ende des anderen Astes befestigt. Um die beiden Äste zu verbinden, wird der Zapfen (des einen Astes) in das Zapfenloch (des anderen Astes) geschoben. Der so verlängerte Ast wird für den Shin verwendet (Abbildungen 113–124).

Abb. 113 Das Astende wird im richtigen Winkel abgeschnitten

Abb. 114 Es wird geprüft, ob die beiden geschnittenen Enden passen

Abb. 115 Die Position des Zapfenloches wird entschieden

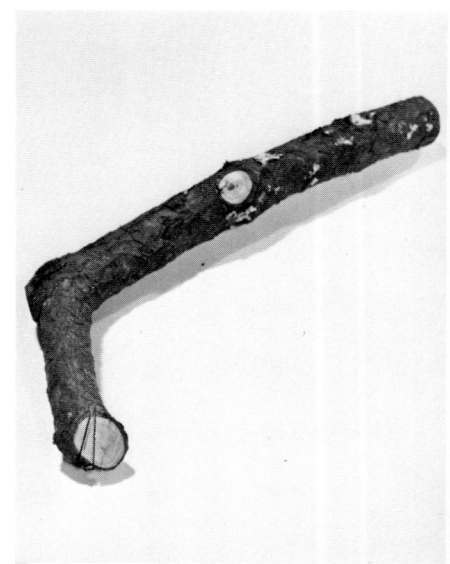
Abb. 116 Die Form des Zapfenloches wird ausgeschnitten

Abb. 117 Das Zapfenloch wird ausgemeißelt

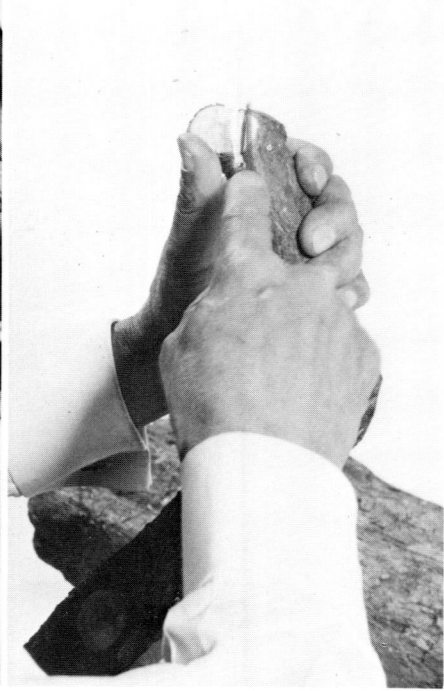
Abb. 118 Das Loch wird tiefer bearbeitet

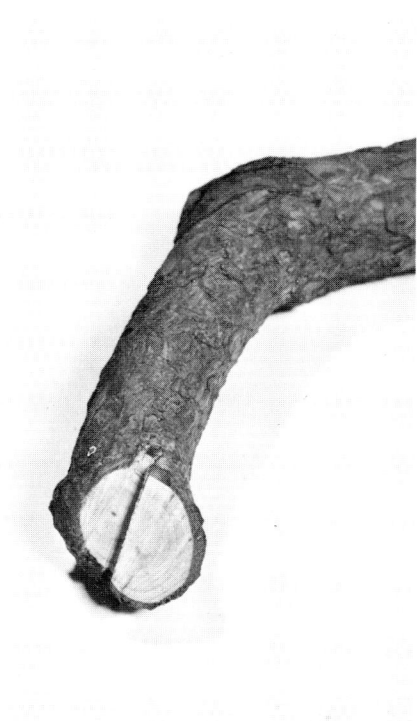

Abb. 119 Das Zapfenloch ist fertig

Abb. 120 Ein kleiner Zapfen wird herausgeschnitten

Abb. 121 Der passende Zapfen ist fertiggestellt

Abb. 122 Der Zapfen wird auf das Ende des anderen Astes genagelt

Abb. 123 Der Zapfen wird ins Zapfenloch geschoben

Abb. 124 Der fertiggebundene Ast

Shin, Uke und Hikae

Der Shin-Ast wird mit der Zapfen-Technik verlängert. Jetzt wird der unterste Trieb an dem Shin-Ast befestigt. Dabei muß man den richtigen Winkel feststellen. Zwei Löcher werden in den kahlen »Trieb« gebohrt, und der »Trieb« wird an den Shin-Ast genagelt. Ein Holzstab wird in der Position des Shin in den Strohhalter eingesteckt. Die Höhe, an welcher der Shin abbiegen soll, wird entschieden, und zwei Löcher werden dort gebohrt. Dann wird der Shin-Ast an den Stab genagelt.

Genau wie der Shin werden auch der Uke- und der Hikae-Ast mit der Zapfen-Technik fertiggestellt. Der Uke-Ast wird in der Uke-Position, der Hikae in der Hikae-Position eingesteckt.

Jetzt müssen diese drei noch kahlen Äste mit Trieben und Nadeln verziert werden.

Zunächst wird der oberste Teil des Shin verziert.

Ein Loch wird in das Ende des Shin-Astes und in das Ende des Verzierungstriebes gebohrt, und die beiden Enden werden mit einem Verbandstift (Aikugi) verbunden. Gibt es noch Lücken, werden sie mit kleinen Trieben natürlich ausgefüllt. Anschließend soll die Spitze des Shin unter einem Winkel von 45 Grad nach vorn gerichtet werden. Dann wird der schon an dem Shin-Ast befestigte kahle Ichi no Eda (der unterste Trieb) verziert. Der Teil zwischen dem untersten Trieb und der Spitze wird ebenfalls mit kleinen Trieben verziert. Damit ist der Shin-Zweig fertig.

Der Uke-Ast wird auf ähnliche Weise verziert. Zunächst der oberste Teil, dann der unterste Trieb, anschließend wird die Lücke dazwischen aufgefüllt.

Der Hikae wird nur an der Spitze, und zwar nur auf der oberen Seite rundlich verziert.

Abb. 125 Die richtige Position für den untersten Trieb des Shin wird ermittelt

Abb. 126 Der unterste Trieb wird durchbohrt

Abb. 127 Der richtige Winkel wird entschieden

Abb. 128 Der unterste Trieb wird
an den Shin-Ast genagelt

Abb. 129 Der Verlängerungsstab für
den Shin wird in den Blumenhalter
eingesteckt

Abb. 130 Der Shin-Stab ist fertig-
gesteckt (gesehen von der
Uke-Seite)

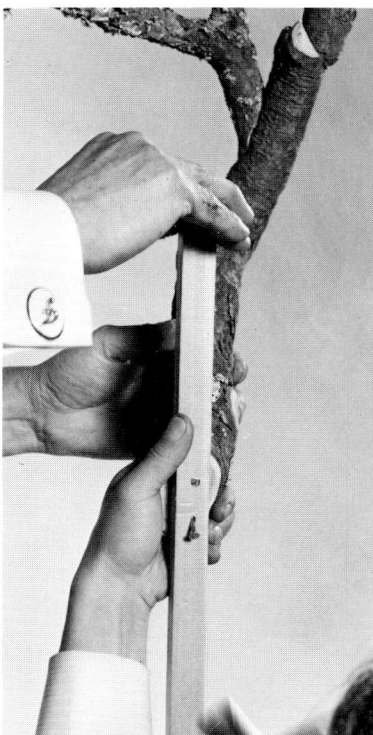

Abb. 131 Der Shin-Ast wird
durchbohrt

Abb. 132 Der Shin-Ast wird
auf den Stab genagelt

Abb. 133 Der Shin- und der Uke-Ast sind
fertiggebaut

Abb. 134 Der Winkel des Hikae-Astes im Verhältnis zu dem Verlängerungsstab wird entschieden

Abb. 135 Die Spitze des Hikae-Astes wird geprüft

Abb. 136 Der Shin-, der Uke-, und der Hikae-Ast sind fertiggebaut

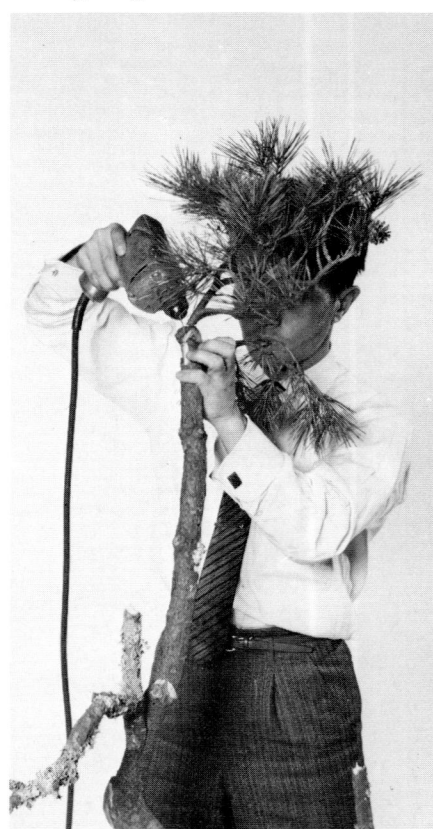

Abb. 137 Der obere Teil des Shin-Astes wird verziert

Abb. 138 Der Shin-Ast wird mit zusammengebundenen Trieben verziert

Abb. 139 Für weitere Triebe werden Löcher in den Shin-Ast gebohrt

64

Abb. 140 Ein weiterer Trieb wird mit einem Verbandstift am Shin-Ast befestigt

Abb. 141 Die Spitze des Shin-Astes ist fertiggestellt

Abb. 142 Der unterste Trieb wurde befestigt, damit ist der Shin-Zweig fertig

Abb. 143 Der obere Teil des Uke wird verziert

Abb. 144 Der Uke-Zweig ist fertiggestellt

Abb. 145 Die Spitze des Hikae ist verziert

Abb. 146 Der Shin, der Uke und der Hikae sind fertiggestellt

Soe, Nagashi und Ashirai

Azalee in ihrem natürlichen Zustand wird für den Soe und den Nagashi verwendet. Da der Soe allerdings zu kurz ist, wird er mit einem Bambusstab verlängert. Die Spitze des Soe-Zweiges muß in der gleichen Form wie der unterste Trieb des Shin sein. Der Soe wird jedoch unter einem Winkel von 45 Grad nach hinten gerichtet.

Der Nagashi wird ohne Fußverlängerung in die Nagashi-Position eingesteckt und unter einem Winkel von 45 Grad nach hinten gerichtet. Seine Spitze wird jedoch wieder nach vorn gedreht.

Als Ashirai werden Eibenzweige unterhalb des Soe (Uchi-soe), unter dem Soe (Soe-shita) und unter dem Uke (Uke-shita) verwendet. Da sie alle Kimono sind, werden sie hinter den begleitenden Aufbaustiel plaziert, damit die Verbindung von Zweigen (Ki no En) sich nach hinten fortsetzt.

Abb. 147 Der Soe-Zweig ist angeordnet

Abb. 148 Der Nagashi-Zweig wird plaziert

Abb. 149 Das Arrangement bis zum Nagashi ist fertig

Abb. 150 Die Zweige für den Ashirai werden abgemessen

Abb. 151 Die drei Ashirai-Zweige (Uchi-soe, Soe-shita und Uke-shita) sind gesteckt und drei Ukezutsu-Behälter (für den Mikoshi, den Shoshin und den Kusamichi) sind plaziert

Abb. 152 Das Arrangement bis zum Ashirai ist fertig

Abb. 153 Der Mikoshi ist im Mikoshi-Behälter gesteckt

Abb. 154 Der Shoshin und der Oha sind angeordnet

Mikoshi, Shoshin, Oha und Do

Der Mikoshi besteht aus Spierstrauch in seinem natürlichen Zustand. Er biegt von der Mittelachse mit einem Winkel von 45 Grad nach hinten rechts ab, allerdings dreht er seine Spitze wieder nach vorn. Obwohl seine Spitze herabhängt, soll er nicht schlapp wirken; nur wenn er einen emporstreben-

den Eindruck vermittelt, wirkt das ganze Arrangement lebendig.

Für den Shoshin werden zwei Japanische Iris (*Iris laevigata*) angeordnet, eine höher als die andere.

Zwei Lichtblätter und drei Schattenblätter vom Mispelzweig werden für den Oha verwendet. Das

Abb. 155 Der Do ist arrangiert

Abb. 156 Das fertige Arrangement, einschließlich Kusamichi, Maeoki, Kidome, Kusadome und Ushirogakoi (Vorderansicht)

größte Schattenblatt wird vor dem Shoshin, das zweite links, das dritte rechts gesteckt. Zwei Lichtblätter werden unter dem Soe angeordnet. Für den Do wird Zypresse gewählt. Zypressenzweige werden wellenförmig vor dem Oha angeordnet. Allerdings muß dort genügend Platz für den Kusamichi gelassen werden.

Kusamichi, Maeoki, Kidome und Ushirogakoi

Für den Kusamichi werden Japanische Iris *(Iris laevigata)* verwendet; er wird durch Blätter von Shaga *(Iris japonica)* ergänzt. Dieser Blumen-Paß wird im positiven Weg (Junkusa-ori) angeordnet (siehe Abbildung 14).

Vom Maeoki bis zum Kidome werden karmesinrote Azaleen arrangiert, und für den Kusadome Ringelblumen.

Mit dem Ushirogakoi aus junger Kiefer hinten ist das Arrangement fertig.

Abb. 157 Hinteransicht des Arrangements

Abb. 158 Seitenansicht des Arrangements (von der Soe-Seite gesehen)

Abb. 159 Seitenansicht des Arrangements (von der Uke-Seite gesehen)

69

Übung 3
Ubudate-Aufbau

Ubudate verwendet nur natürliche Aufbaupflanzen, infolge dessen sind die Auswahl der richtigen Pflanzen sowie Fertigkeiten wie Schneiden, Formen und Biegen beim Ubudate noch wichtiger als beim Mikizukuri. Zum Beispiel kann ein kurzer Stiel länger aussehen, wenn die Triebe und Blätter am unteren Teil beseitigt werden. Oder ein dünner kurzer Zweig sieht viel dicker und länger aus, wenn er horizontal oder waagerecht angeordnet wird. Das Ubudate bietet reiche Möglichkeiten, verschiedene Ausdruckskräfte des Materials zu entdecken und sie zur vollen Entfaltung zu bringen. Das ist der Reiz des Ubudate-Aufbaus im Vergleich mit dem Mikizukuri. In diesem Beispiel (Tafel 3) werden einzelne Schritte beim Bau eines Sugushin-Arrangements mit Ubudate-Technik gezeigt.

Material
Shin: Japanische Zypresse *(Chamaecyparis obtusa)*
Uke: Japanische Zypresse
Hikae: Japanische Zypresse
Soe: Lärche
Nagashi: Lärche
Mikoshi: Spierstrauch *(Spiraea cantoniensis)*
Shoshin: Japanische Iris *(Iris laevigata)*
Kusamichi: Japanische Iris (positiver Weg)
Kariha: Blätter von Shaga *(Iris japonica)*
Oha: Mispelblätter
Do: Chinesischer Wacholder *(Juniperus chinensis)*
Maeoki: Buchsbaum
Irogiri: gefleckte Hortensienblätter
Mikoshi-shita: Eibe
Oha-shita: Eibe
Uke-uchi: Eibe
Kidome: Straußfarn
Kusadome: gelbe Margeriten
Ushirogakoi: junge Kiefer
Gefäß
Bronze Son-förmige Vase (Son ist ein zeremonielles Gefäß)
Form des Arrangements
Sugu-shin
rechtsseitig
Förmlichkeit: Shin (Shin no Gyo)

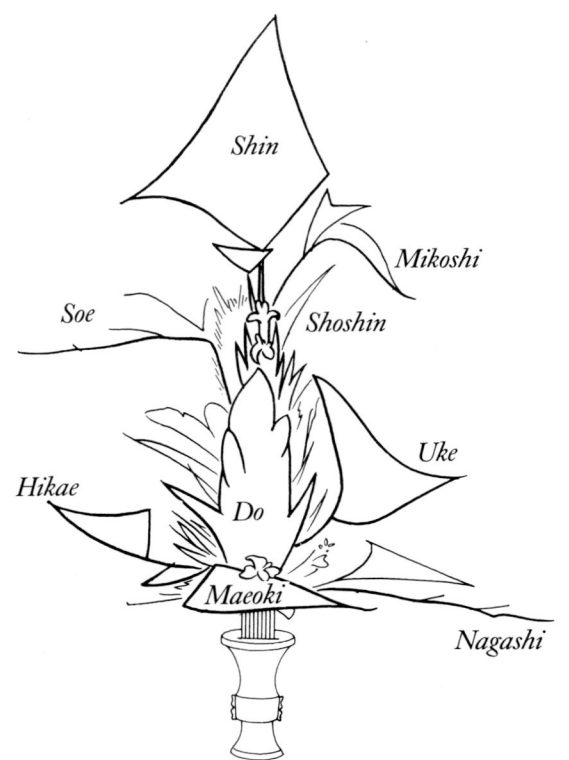

Tafel 3

Abb. 160 Der Shin aus Zypresse ist angeordnet

Abb. 161 Der Soe aus Lärche ist gesteckt

Abb. 162 Der Uke aus Zypresse ist plaziert

Shin

Die Chabo-Zypresse (*Chamaecyparis obtusa* Endl. var. *breviramea* Mast.) ist wegen ihres senkrechten Stiels mit üppig gewachsener Nadelbildung an der Spitze sehr gut geeignet für einen geraden Shin der Gyo-Stufe (d.h. Shin no Gyo).

Weil hier ein rechtsseitiges Arrangement gestaltet werden soll, wird ein gut geformter Trieb auf der Lichtseite, der sich unter einem Winkel von 45 Grad nach vorn erstreckt, als der unterste Trieb des Shin gewählt. Die Shin-Spitze wird entsprechend geformt. Dieser Shin-Zweig ist so zu kurz, deshalb wird ein Verlängerungsfuß daran befestigt; der Holzfuß wird in die Shin-Position im Strohbündel eingesteckt.

Soe

Lärche wird für den Soe gewählt. Weil die Länge des Zweiges ausreichend ist, wird der Zweig direkt (ohne Fußverlängerung) in das Strohbündel eingesteckt. Da der Soe vom Sinne her der Begleitstiel zum Shin ist, soll die Form des Soe-Zweiges der Form des untersten Triebes des Shin ähneln. Der Soe wird jedoch etwa 45 Grad nach links hinten gerichtet.

Uke

Für den Uke wird ein gebogener Zweig vom gleichen Material wie beim Shin gewählt. Die dicke Nadelbildung der Zypresse erleichtert es, daraus eine krumme Uke-Form zu bilden. Ein Verlängerungsstab wird daran befestigt und in die Uke-Position eingesteckt.

Abb. 163 Der Hikae aus Zypresse ist gesteckt

Abb. 164 Der Nagashi aus Lärche ist gesteckt

Abb. 165 Der Mikoshi aus einem Spierstrauchzweig ist angeordnet

Hikae

Die gleiche Zypresse wird auch für den Hikae gewählt. Weil der Hikae in zurückhaltender Art gestaltet werden soll, wird er dünner als der Uke und in einer flachen, dreieckigen Form gebildet. Er wird in die Hikae-Position eingesteckt und seine Spitze wird nach links hinten gerichtet.

Nagashi

Wie beim Soe wird Lärche auch für den Nagashi benutzt. Die Länge des Zweiges ist auch hier ausreichend, deshalb ist kein Verlängerungsstab notwendig. Der Zweig wird zunächst nach rechts hinten gerichtet, aber seine Spitze wird wieder 45 Grad nach vorn gedreht. Er wird so bearbeitet, daß er ein Gefühl von Leichtigkeit vermittelt.

Mikoshi

Spierstrauch wird für den Mikoshi verwendet. Er wird hinter dem Shin eingesteckt und verzweigt etwa 10 cm unter dem Shoshin von der Mittelachse. Er steigt nach rechts hinten unter einem Winkel von 45 Grad, aber seine Spitze wird ein Stückchen wieder nach vorn gerichtet. Ein Ukezutsu-Behälter, der an einem Stab befestigt ist, hält den Spierstrauch im Strohbündel. Weil die Spitze des Shoshin etwa 7 bis 9 cm niedriger als der unterste Trieb des Shin liegt, kann die Höhe, an welcher der Ukezutsu-Behälter angebracht werden soll, genau abgemessen werden.

Abb. 166 Der Shoshin aus Iris ist in den Behälter gesteckt

Abb. 167 Der Do aus Wacholder ist arrangiert

Abb. 168 Der Irogiri aus Hortensienblättern ist plaziert

Shoshin

Zwei Iris werden für den Shoshin verwendet, eine etwas höher als die andere. Wie gerade erwähnt, liegt die Spitze des Shoshin etwa 7 bis 9 cm niedriger als der unterste Trieb des Shin. Ein Ukezutsu-Behälter wird vor dem Shin so plaziert, daß die Iris-Spitze die richtige Höhe erreicht.

Do und Irogiri

Für den Do wird Chinesischer Wacholder benutzt. Das Prinzip des Ikenobo-Shoka (Shin, Soe und Tai) wird angewandt, um die wellenförmige Wirkung zu erzielen, und der ganze Rumpf wird kantig arrangiert.

Für den Irogiri werden gefleckte Hortensienblätter verwendet. Sie werden abwechselnd lang und kurz auf der Nagashi-Seite des Do, und zwar von hinten nach vorn angeordnet.

Abb. 169 Der Oha aus fünf Mispelblättern ist angeordnet

Abb. 170 Die Ashirai-Zweige aus Eibe sind unter dem Mikoshi, unter dem Oha und unterhalb des Uke arrangiert

Oha

Für den Oha werden fünf Mispelblätter verwendet: zwei Licht- und drei Schattenblätter. Zunächst wird ein Schattenblatt vor dem Shoshin angeordnet. Zwei Lichtblätter werden unter dem Soe gesteckt, davor wird ein kleines Schattenblatt plaziert. Das letzte Schattenblatt wird auf der rechten Seite des ersten Schattenblattes angeordnet.

Ashirai

Japanische Eibe wird als Ashirai unter dem Mikoshi (Mikoshi-shita), unter dem Oha (Oha-shita) und unterhalb des Uke (Uke-uchi) verwendet. Diese Ergänzungsstiele sollen parallel zu den begleitenden Aufbaupflanzen angeordnet werden.

Kusamichi

Fünf Japanische Iris *(Iris laevigata)*, ergänzt durch Shaga-Blätter, werden im positiven Weg als Kusamichi angeordnet.

Der erste Stiel wird auf der rechten Seite des Shoshin angeordnet, die mit dem Shaga-Blatt verstärkt wurde. Der zweite wird unterhalb des Uke, und der dritte hinter dem Do arrangiert, obwohl er dort von vorn nicht sichtbar ist. Der vierte wird auf der linken Seite des Do gesteckt und der letzte über dem Hikae plaziert.

Maeoki

Für den Maeoki wird Buchsbaum verwendet. Der Maeoki wird wellenförmig hoch auf der linken, niedrig auf der rechten und noch niedriger auf der vorderen Seite arrangiert.

Kidome, Kusadome und Ushirogakoi

Straußfarne werden für den Kidome, und gelbe Margeriten für den Kusadome verwendet. Die beiden Teile werden in der Form des Ikenobo-Shoka arrangiert.

Der Kidome wird vor der rechten Seite des Maeoki in Richtung des Nagashi angeordnet, während der Kusadome vor der linken Seite in Richtung Hikae plaziert wird.

Für den Ushirogakoi wird junge Kiefer benutzt. Ein paar Zweige, lange und kurze, werden gemischt und hinter dem Shin gesteckt. Sie werden genau so weit nach hinten gerichtet wie der Maeoki nach vorn.

Damit ist das Ubudate-Arrangement fertig.

Abb. 171 Der Maeoki aus Buchsbaum ist plaziert

Abb. 172 Der Kidome aus Straußfarnen und der Kusadome aus Margeriten sind arrangiert

Abb. 173 Der Ushirogakoi aus junger Kiefer ist angeordnet; Hinteransicht des fertigen Arrangements

Abb. 174 Seitenansicht des fertigen Arrangements (von der Soe-Seite gesehen)

Abb. 175 Seitenansicht des Arrangements (von der Uke-Seite gesehen)

Übung 4
Sunanomono-Aufbau

Das Sunanomono-Arrangement verwendet ein stabiles Holz (Doboku) als Stützpfeiler für den Rumpf des Arrangements, um das Gleichgewicht in dieser breiten Form zu halten. An der Doboku-Säule werden die Aufbaustiele befestigt. Obwohl in diesem Fall (Tafel 4) ein eckiges Holz verwendet wurde, waren nach den alten Büchern auch runde Hölzer gebräuchlich. Doboku wird manchmal als Nebenstiel betrachtet; in diesem Fall ist er im fertigen Arrangement sichtbar.

In diesem Arrangement wurde rote Kiefer für den Shin, den Soe, den Uke und den Nagashi verwendet; damit war die Umrißform gebildet. Die Verteilung von frischen grünen Ahornblättern, Blaubeeren und lila Japanischer Iris drückt eine frühsommerliche Stimmung aus.

Ein Sunanomono ist relativ breit, deshalb werden dabei keine Oha (Große Blätter) benutzt; sonst gelten alle Aufbau- und Nebenstiele auch für den Sunanomono-Aufbau.

Material
Shin: Rotkiefer *(Pinus densiflora)*
Soe: Rotkiefer
Uke: Rotkiefer
Nagashi: Rotkiefer
Shoshin: Ahorn *(Acer pictum)*
Mikoshi: Ahorn
Uke-uchi: Japanische Iris *(Iris laevigata)*
Kusamichi: Japanische Iris
Hikae: Japanische Iris
Kariha: Blätter von Shaga *(Iris japonica)*
Do: Sicheltanne *(Cryptomeria japonica)*
Maeoki: Heidelbeerzweige (Natsuhaze)
Irogiri: Spindelstrauch *(Euonymus japonica)*
Kidome: Azalee *(Rhododendron obtusum)*
Kusadome: Salomonssiegel *(Polygonatum falcatum)*
Ushirogakoi: junge Kiefer
Gefäß
Bronzebecken (Sunabachi)
Form des Arrangements
einteiliges Sunanomono
linksseitig
Förmlichkeit: So

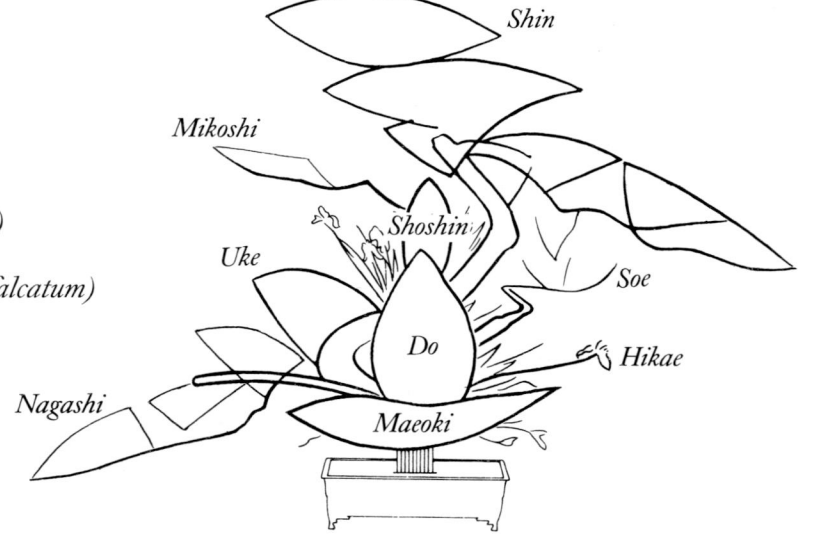

Tafel 4

Abb. 176 Die Doboku-Säule und die Verstärkungshölzer werden an der Bodenplatte befestigt

Abb. 177 Die Bodenplatte wird in den Behälter gelegt

Abb. 178 Das Strohbündel (Komiwara) umgibt die Säule

Abb. 179 Ein Zapfenloch wird am Ende des Shin-Zweiges ausgeschnitten

Aufbau der Doboku-Säule

Eine eckige Säule (Doboku) wird an einer Holzplatte befestigt, die zur Größe des Gefäßbodens passend zugeschnitten ist. Längliche Holzstücke werden zusätzlich auf beiden Seiten der Säule auf der Bodenplatte befestigt, um das Spalten der Bodenplatte zu vermeiden. Dann wird ein Strohbündel, hauptsächlich für die Nebenstiele vorgesehen, rund um den Fuß der Säule befestigt. Eine zweite Platte wird in der Größe des Gefäßes, mit einem Loch, das der Größe des Strohbündels entspricht, um den Doboku herum in das Gefäß gelegt. Diese Platte soll etwa 1,5 bis 2 cm unter dem Gefäßrand liegen, und dient als Unterlage für den Sandboden; auf diese (obere) Bodenplatte wird nämlich Sand (oder Kieselsteine) gestreut, dadurch bekommt man den Eindruck, daß das Gefäß ganz mit Sand gefüllt ist. Bis zu dieser Bodenplatte wird das Gefäß mit Wasser gefüllt.

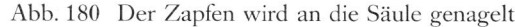
Abb. 180 Der Zapfen wird an die Säule genagelt

Abb. 181 Der Shin-Zweig wird mit der Säule verbunden

Shin

Ein Zapfenloch (Hodo) wird am Shin-Zweig ausgeschnitten. Ein Zapfen (Ari), der zum Zapfenloch
paßt, wird an die Doboku-Säule genagelt, und der
Shin-Zweig auf den Zapfen der Säule geschoben.

Dann wird der unterste Trieb unter einem Winkel von 45 Grad an dem Shin-Zweig befestigt.

Abb. 182 Der Shin-Zweig ist an der Säule befestigt

Abb. 183 Der unterste Trieb wird am Shin-Zweig befestigt

81

Uke und Nagashi

Ein Grundzweig aus Kiefer für den Nagashi wird gewählt, der allerdings auch das Gewicht des Uke aushalten muß. Der Grundzweig wird an der hinteren Seite der Doboku-Säule befestigt, und zwar unter einem Winkel von 45 Grad nach hinten links.

An diesem Grundzweig werden der Uke- und der Nagashi-Zweig befestigt; die Spitze des Nagashi-Zweiges (auf der linken Seite) soll dabei in einem harmonischen Verhältnis zu dem untersten Trieb des Shin (auf der rechten Seite) stehen und 45 Grad nach vorn gerichtet werden.

Abb. 184 Der Grundzweig, an dem mehrere Aufbaustiele befestigt werden, ist mit der Säule verbunden

Abb. 185 linke Seitenansicht (von der Schattenseite gesehen)

Abb. 186 Der Uke- und der Nagashi-Zweig sind fertig

Abb. 187 Der Soe-Zweig ist an der Säule befestigt

Abb. 188 Ein verwittertes Holzstück ist angeordnet

Abb. 189 Der Shoshin und der Mikoshi sind gesteckt

Soe

Für den Soe wird ein interessant gebogener Zweig gewählt, der ein paar Blätter an der Spitze und einige kleine Triebe hat. Der Soe-Zweig wird an der Seite der Säule unter dem Shin befestigt.

Do, Shoshin, Mikoshi, Ashirai, Hikae, Kusamichi und Irogiri

An der vorderen Seite der Säule wird ein Stück verwittertes Holz befestigt, dessen Spitzen in alle Richtungen zeigen. Dies bildet ein Fundament für den Do.

Dann wird ein Stab, welcher den Ukezutsu-Behälter trägt, an der hinteren Seite der Säule befestigt; dabei muß auch der Behälter selbst (das Oberteil) an der Säule festgebunden werden. In den Ukezutsu-Behälter werden Ahornzweige als Shoshin und Mikoshi gesteckt.

In ähnlicher Weise unter Verwendung eines zweiten Ukezutsu-Behälters werden drei Iris als Ashirai unterhalb des Uke (Uke-uchi) sowie eine offene Irisblüte und eine -knospe für den Hikae angeordnet. Jetzt wird der untere Teil des Soe-Zweiges beseitigt, um Platz für den Hikae zu machen. Der Do wird mit Sicheltanne ergänzt und vier Iris werden für den Kusamichi verwendet.

Der Irogiri aus Spindelstrauch wird wellenförmig von der Seite des Do zu dem Nagashi hin gesteckt. In der Regel wird Irogiri als Farbentrennung verwendet, wenn Do und Maeoki aus ähnlichem Material bestehen. In diesem Arrangement wurde Spindelstrauch vor allem deshalb verwendet, um das harte Material der Tannen (Do) mit dem weichen Material der Heidelbeerzweige (Maeoki) zu verbinden.

83

Abb. 190   Drei Iris als Ashirai sind unterhalb des Uke plaziert

Abb. 191   Zwei Iris sind für den Hikae angeordnet und der untere Teil des Soe-Zweiges ist entfernt

Abb. 192   Der Do ist mit Sichel-tannen gestaltet. Die Iris als Kusa-michi und der Spindelstrauch als Irogiri sind angeordnet

Maeoki, Kidome, Kusadome und Ushirogakoi

Für den Maeoki werden Heidelbeerzweige flach und wellenförmig arrangiert.

Für den Kidome wird Azalee auf der linken Seite des Maeoki zum Nagashi hin so gesteckt, daß die Verbindung der beiden Teile in dieser Gegend hergestellt wird.

Für den Kusadome wird Salomonssiegel auf der rechten Seite des Maeoki zum Hikae hin angeordnet, um die beiden Teile dort zu verbinden.

Anschließend wird junge Kiefer als Ushirogakoi hinter dem Shin gesteckt. Dies verleiht dem Arrangement Tiefe; der Ushirogakoi wird nach hinten gerichtet und steht im harmonischen Verhältnis zum Maeoki, der nach vorn gerichtet ist.

Durch die sorgfältige Planung ist das Arrangement von allen Seiten betrachtbar.

Abb. 193 Der Maeoki, der Kidome und der Kusadome sind an der richtigen Stelle plaziert

Abb. 194 Der Ushirogakoi ist hinter dem Shin gesteckt (von hinten gesehen)

Abb. 195 Seitenansicht des Arrangements (von der Schattenseite gesehen)

Abb. 196 Seitenansicht des Arrangements (von der Lichtseite gesehen)

SIEBEN TECHNISCHE LEKTIONEN

Übersicht

Über die Rikka-Lehren gibt es in der Ikenobo-Schule drei besonders wichtige Sammlungen in Form eines »Densho« (überlieferte Schrift):

- Sieben Technische Lektionen
  (Naraimono Nanakajo)
- Neunzehn Lektionen
  (Jukyukajo)
- Drei Lektionen für Fortgeschrittene
  (Okuden Sankajo)

In den nächsten Kapiteln werden sie alle mit Beispielen ausführlich dargestellt. Zum Teil werden die alten Regeln aus der überlieferten Schrift auch der modernen Fassung gegenübergestellt (vgl. auch Alte Rikka-Zeichnungen, Seiten 193–200).

Früher waren die »Sieben Technischen Lektionen« (Naraimono Nanakajo) in den »Neunzehn Lektionen« (Jukyukajo) eingeschlossen und wurden nur mündlich, parallel zu dem Unterricht der neunzehn Lektionen, vermittelt. Sie halfen den Schülern in erster Linie bei der Gestaltungstechnik und der Auswahl des Materials.

Die sieben Lektionen wurden jedoch in diesem Jahrhundert vom 44. Leiter der Ikenobo-Schule, Seni, niedergeschrieben und als selbständige Lektionen des Rikka offiziell in die Ikenobo-Lehre eingeführt. Jede Lektion enthält in der Regel eine oder einige besondere Techniken.

Im folgenden werden acht Variationen mit beispielhaften Arrangements ausführlich dargestellt, in denen jeweils eine oder mehrere Techniken aus den »Sieben Technischen Lektionen« angewandt wurden. In der Originallektion Nr. 2 sind drei miteinander verbundene Techniken zusammengefaßt: »Erhöhter Uke mit innerem Mikoshi«, »Großer innerer Mikoshi« und »Erhöhter Uke«. In diesem Buch wird »Großer innerer Mikoshi« getrennt dargestellt, deshalb entsprechen hier den **sieben** Lektionen insgesamt **acht** Abschnitte (beziehungsweise **acht** Variationen).

Erweiterung des steigenden Do (Nobori-do Otsukai)

Von »Nobori-do« (steigender Do) spricht man, wenn das gleiche Pflanzenmaterial für den Do und den Maeoki verwendet wird; der Do erweckt dabei den Eindruck, als strebe er nach oben.

Wird das gleiche Material auch noch für den Nagashi oder den Hikae verwendet, spricht man von »Nobori-do Otsukai« (Erweiterung des steigenden Do).

Wenn jedoch das gleiche Material für den Maeoki und den Nagashi, oder für den Maeoki und den Hikae, aber ein anderes Material für den Do verwendet wird, so spricht man von »Erweiterung des unteren Teils« (Gedan Otsukai).

Die überlieferte Schrift schreibt zwar immer Buchsbaumzweige *(Buxus microphylla)* für Nobori-do und Otsukai vor, weil Buchsbaum niedrig und dicht wächst und als Material für den unteren Teil des Arrangements geeignet ist. Aber auch anderes Material wie Azalee, Kiefer und Heidelbeerzweige wird heute wirkungsvoll dazu verwendet.

Im Hinblick auf Raum und Volumen kann diese Variation zur Monotonie führen, weil das gleiche Pflanzenmaterial für einen großen Teil des Arran-

gements verwendet wird. Deshalb wird z.B. Spindelstrauch *(Eunonymus japonica)* oder eine andere Pflanze mit dekorativen Blättern zwischen zwei nebeneinander stehenden Massen als »Irogiri« (Farbentrennung) angeordnet, um Abwechslung zu geben.

In dem abgebildeten Arrangement (Tafel 5) wurden gefleckte Hortensienblätter für den Irogiri verwendet, aber andere Pflanzen, wie zum Beispiel Spindelstrauch sind eigentlich leichter zu handhaben. Da der Irogiri aus Kimono besteht, soll er in die Richtung des Kidome arrangiert werden, so daß die Verbindung des Kimono (Ki no En) nach hinten fortgesetzt wird. Um den Nagashi zu betonen, soll der Hikae Leichtigkeit ausdrücken. In diesem Fall wurde er mit zarten Chrysanthemen gestaltet, damit die Kraft des Nagashi wesentlich verstärkt wird.

Dieses Arrangement mit Asebi-Zweigen *(Pieris japonica)* für Shin, Uke und Soe und mit Hahnenkamm für den Shoshin erweckt die Stimmung des Herbstes. Siehe auch Tafel 12, Seite 105 für die Anwendung des Nobori-do.

Material
Shin: Asebi *(Pieris japonica)*
Uke: Asebi
Soe: Asebi
Mikoshi: Hängezypresse *(Chamaecyparis obtusa* 'Pendula')
Do: Buchsbam
Maeoki: Buchsbaum
Nagashi: Buchsbaum
Shoshin: Hahnenkamm *(Celosia argentea)*
Hikae: große Chrysantheme
Kusamichi: große Chrysantemen (positiver Weg)
Irogiri: gefleckte Hortensienblätter
Kidome: Rosen
Kusadome: kleine Chrysanthemen
Ushirogakoi: Zypresse
Gefäß
lotosblütenförmige Urne aus Eisen
Form des Arrangements
Noki-shin (Biegungspunkt: mittlere Stufe)
linksseitig
Förmlichkeit: Gyo

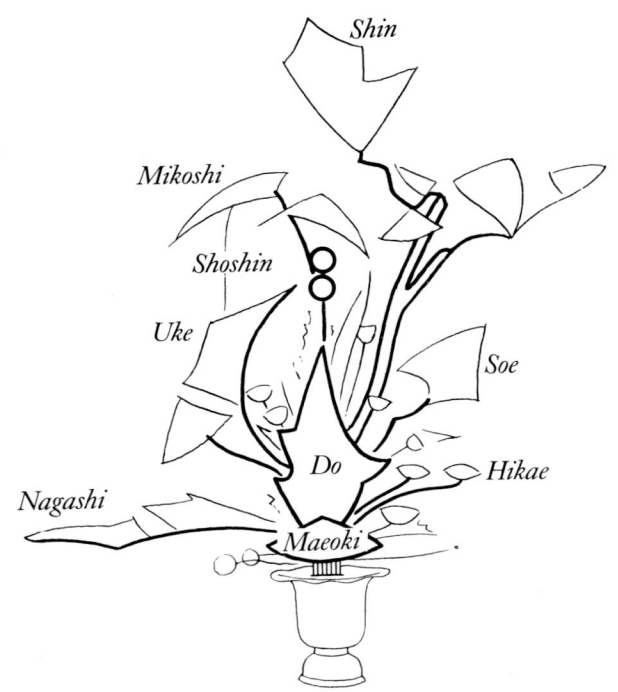

Tafel 5

Erhöhter Uke mit innerem Mikoshi (Uke-agari Uchi-mikoshi)

Würde der Shin von der unteren Stufe oder direkt von der Mizugiwa-Stufe abbiegen, so entsprängen der Shin und der Uke der Mittellinie ungefähr an der gleichen Höhe, was nicht sehr ansprechend aussähe. Deshalb wird der Uke in diesem Fall oft bis zur Höhe des Verzweigungspunktes des Mikoshi gebracht, wobei er seine Spitze dann nach unten hängen läßt; so wirkt das Arrangement abwechslungsreich. Dieses Arrangement mit steigendem Uke nennt man »Erhöhter Uke« (Uke-agari) oder »Hoher Uke« (Taka-uke). Taka-uke bedeutet zugleich den steigenden Uke selbst.

Bei der Uke-agari-Variation gibt es noch eine notwendige Änderung eines weiteren Aufbaustiels, nämlich des Mikoshi. Da der Uke jetzt über den Mikoshi hinaus aufsteigt und seine Spitze in die gleiche Richtung wie der Mikoshi hängt, sieht das Arrangement etwas langweilig aus. In diesem Fall läßt man den Mikoshi nicht auf der normalen Uke-Seite, sondern auf der Shin-Seite, und zwar innerhalb des Shin-Bogenbereichs, kurz emporsteigen. Dieser Mikoshi und damit das ganze Arrangement,

das ihn verwendet, wird »Innerer Mikoshi« (Uchi-mikoshi) genannt.

Mit anderen Worten: Der Uchi-Mikoshi verzweigt bei der rechtsseitigen Uke-agari-Variation von der linken Seite des Shoshin, bei der linksseitigen Variation (wie in Tafel 6) dagegen von der rechten Seite des Shoshin. Die Spitze des Uchi-mikoshi soll höher als der Shoshin sein, darf aber den (erhöhten) Uke nicht überragen.

Bei dem abgebildeten Arrangement (Tafel 6) biegt der Shin aus einem Magnolienzweig von der unteren Stufe ab, und ein schwarzer Kiefernzweig steigt als Uke (Taka-uke) empor. Der Uchi-mikoshi aus Japanischer Eibe hält sich bescheiden innerhalb des Shin-Bogenbereichs. Der erhöhte Uke wird in der Regel hinter dem Shin eingesteckt, dadurch steht der normale Uke-Einsteckpunkt leer. Um die unerwünschte Lücke zu füllen, wird ein leichter Stiel in diese Uke-Position gesteckt, den man »Pseudo-Uke« (Honza-uke) nennt. Bei dem Arrangement besteht der Pseudo-Uke aus einem kleinen Kiefernzweig.

Material
Shin: Magnolie
Soe: Magnolie
Nagashi: Magnolie
Taka-uke: Schwarzkiefer *(Pinus thunbergii)*
Honza-uke: Schwarzkiefer
Hikae: Schwarzkiefer
Shoshin: Iris
Kusamichi: Osterglocken (negativer Umweg)
Uchi-mikoshi: Eibe
Honza-uke-ue: Eibe (über dem Honza-uke)
Oha: Mispelblätter
Maeoki: Buchsbaum
Do: Buchsbaum
Irogiri: gefleckte Hortensienblätter
Kidome: Kamelie
Kusadome: kleine Chrysanthemen
Ushirogakoi: junge Kiefer
Gefäß
Bronzevase mit Arabeskzierhenkeln
Form des Arrangements
Noki-shin (Biegungspunkt: untere Stufe)
linksseitig
Förmlichkeit: Gyo

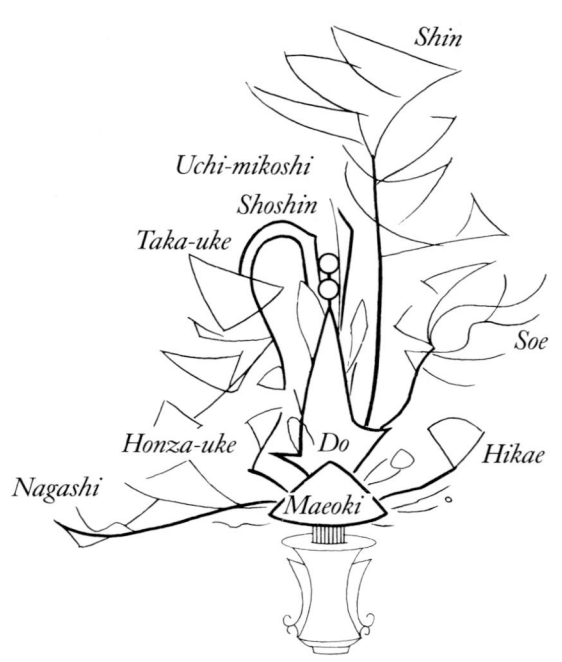

Tafel 6

Großer innerer Mikoshi
(Ouchi-mikoshi)

Wird der Zwischenraum zwischen dem Shin und dem Shoshin zu groß, wird oft ein dekorativer Mikoshi so gesteckt, daß er innerhalb des Shin-Bogenbereichs emporsteigt und über dem Shoshin in Richtung Uke schwebt. Diese variierte Form des Mikoshi (und damit das ganze Arrangement, das diese Form verwendet), nennt man »Ouchi-mikoshi« (Großer innerer Mikoshi). Er ist eine Erweiterung des Uchi-mikoshi (Innerer Mikoshi), wird aber mit einem normalen Uke gestaltet, während der Uchi-mikoshi meistens mit erhöhtem Uke auftritt.

Die überlieferte Schrift empfiehlt Miscanthusblatt oder Trauerweide für den Ouchi-mikoshi, aber alle hängenden Pflanzen sind dafür geeignet (siehe auch Farbtafel 22 mit Spierstrauch als Ouchi-mikoshi). Um die normale Mikoshi-Position auszu-füllen, wird an diese Stelle ein »Pseudo-Mikoshi« (Honza-mikoshi) in kleinem Maße gesteckt.

Das abgebildete Arrangement (Tafel 7) drückt eine gelassene Frühlingsstimmung aus. Die Zwischenräume zwischen den einzelnen Aufbaustielen wurden optimal ausgenutzt. Ein springender Magnolienzweig als Shin kontrastiert gut mit der feinen Nagashi-Linie aus jungem Wacholder. Der Effekt der großen Mispelblätter unterhalb des Soe und das rhythmische Gefühl des Arrangements, wie es aus der Mizugiwa-Wasseroberfläche emporsteigt, tragen zur schönen Frühlingsstimmung bei. Der Höhepunkt ist natürlich der Ouchi-mikoshi aus Trauerweide. Besonders wichtig sind der kräftig steigende dicke Teil und der fein gegabelte hängende Teil, dessen Spitze leicht schwebt.

Material
Shin: Magnolie
Uke: Magnolie
Soe: Wacholder
Nagashi: Wacholder
Hona-mikoshi: Wacholder
Ouchi-mikoshi: Trauerweide
Shoshin: Iris (Iris-Hollandica)
Kusamichi: Iris (positiver Weg)
Hikae: Iris
Kariha: Blätter von Shaga *(Iris japonica)*
Do: Buchsbaum
Maeoki: Buchsbaum
Oha: Mispelblätter
Irogiri: gefleckte Hortensienblätter
Uchi-soe: Eichenblätter
Kidome: Straußfarn
Kusadome: kleine Chrysanthemen
Ushirogakoi: junge Kiefer
Gefäß
eckige Bronzevase mit Elefantenrüsseln
Form des Arrangements
Noki-shin (Biegungspunkt: normale Stufe)
linksseitig
Förmlichkeit: Gyo

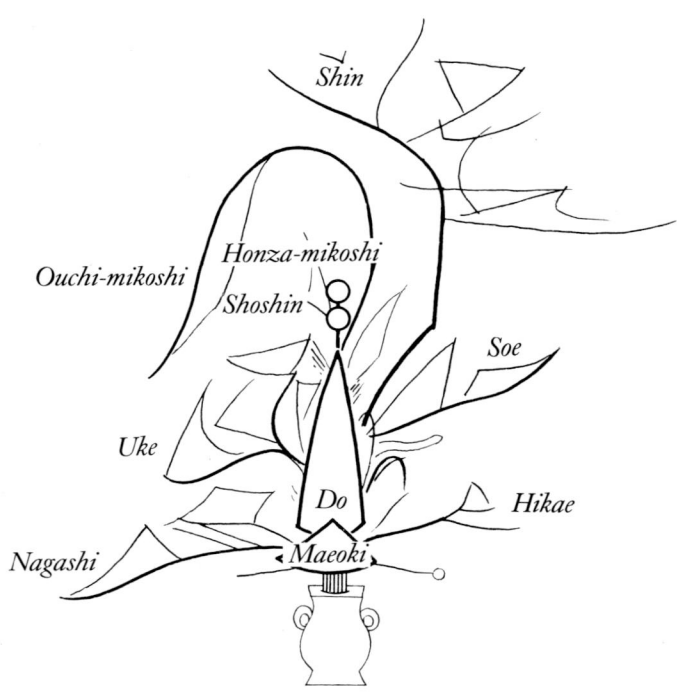

Tafel 7

Liegende Narzissenblätter (Suisen Nageha)

Suisen Nageha ist eine Technik, welche die Kraft des Hikae durch parallel zum Hikae wehende Narzissenblätter *(Narcissus tazetta)* verstärkt. Dabei besteht der Blumen-Paß (Kusamichi) des Arrangements meistens auch aus Narzissen. Manchmal wird der Hikae selbst sogar nur aus Narzissenblättern gestaltet.

Im Winter ruhen Narzissenblätter wegen der Kälte liegend; aus dieser Eigenschaft wurde diese Technik entwickelt. Deshalb wurde »Suisen Nageha« früher nur in der Zeit des ersten Frostes angewandt, aber heute wird diese Technik unabhängig von der Jahreszeit verwendet, um einen schwachen Hikae zu verstärken.

In dem abgebildeten Arrangement (Tafel 8) steht der Zypressenzweig als Shin, während Stechpalmen mit roten und weißen Beeren als Shoshin, Mikoshi, Soe, Soe-shita (unter dem Soe), Do und Nagashi verwendet werden. Die zwei Farben (Rot und Weiß) wurden im ganzen Arrangement gleichmäßig verteilt.

Zwei liegende Narzissenblätter (Suisen Nageha) wurden hier als Unterstützung des aus Zypresse bestehenden Hikae eingesetzt. Um Verbindung herzustellen, werden in der Regel wie hier Narzissenblüten und -blätter auch für den Blumen-Paß innerhalb des Do benutzt (siehe auch Tafeln 19, 20 und 21).

Material
Shin: Hängezypresse *(Chamaecyparis obtusa* 'Pendula')
Shoshin: Stechpalme *(Ilex serrata)*
Mikoshi: Stechpalme
Soe: Stechpalme
Soe-shita: Stechpalme
Nagashi: Stechpalme
Do: Stechpalme
Uke: Japanische Zypresse *(Chamaecyparis obtusa)*
Hikae: Japanische Zypresse
Oha: Mispelblätter
Kusamichi: Narzissen (positiver Weg)
Nageha: Narzissen
Kariha: Blätter von Shaga *(Iris japonica)*
Maeoki: Buchsbaum
Kidome: weiße Kamelie
Kusadome: Winterchrysanthemen *(Chrysanthemum morifolium)*
Ushirogakoi: junge Kiefer
Gefäß
schwarze Bronzevase
Untersatz
Holzbrett
Form des Arrangements
Noki-shin (Biegungspunkt: normale Stufe)
rechtsseitig
Förmlichkeit: Gyo

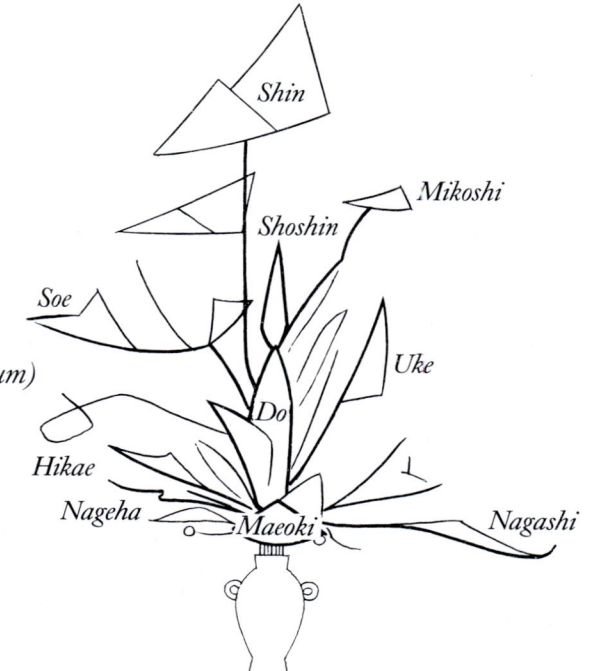

Tafel 8

Glyzine auf Kiefer
(Fujikake Matsu)

»Fujikake Matsu« ist eine Technik, welche die Schönheit der Glyzine mit Hilfe des Kiefernzweiges zur Geltung bringt.

Glyzinenblüten können lila oder weiß sein. Die Kiefer soll teilweise etwas verwelkt oder rötlich verfärbt aussehen. Der Grund dafür ist, daß ein Kiefernzweig immer schwächer wird und welkt, wenn eine Glyzine sich um ihn rankt, was den Blumenmeistern früherer Zeiten sehr reizvoll erschien.

Die überlieferte Schrift lautet: »Glyzine allein ist zu schwach, deshalb wird sie um den Kiefernzweig gewunden«. So bilden die beiden zusammen einen Shin, allerdings spielt die Glyzine die Hauptrolle, die Kiefer die Nebenrolle; so muß zum Beispiel die Glyzine, wenn sie direkt über dem Shoshin hängt, Blüten erhalten, um die Rolle der Glyzine als Shin

deutlich zu machen. Statt Kiefer kann man ein anderes Material verwenden, aber keine hängende Pflanze. Glyzine ist übrigens ein Tsuyomono (zwischen Kimono und Kusamono).

In dem abgebildeten Arrangement (Tafel 9) wurde als Shin lila Glyzine verwendet, und für den Soe ein leichtes Material, für den Uke dagegen ein kräftiges Material gewählt.

Wenn man eine Glyzine um einen Kiefernzweig wickelt, soll die natürliche Eigenschaft der Glyzine berücksichtigt werden. Die lila Glyzine windet sich wie eine Linksschraube, die weiße wie eine Rechtsschraube. Wird dies nicht beachtet, kann die Glyzine schlecht Wasser aufsaugen. Saugt sie zu viel Wasser auf, fallen die Blüten zu früh ab. Glyzine ist ein schwieriges Material.

Material
Shin: Glyzine *(Wisteria floribunda)* und Rotkiefer *(Pinus densiflora)*
Soe: Azalee
Nagashi: Azalee
Shoshin: Shobu *(Iris ensata)*
Kusamichi: Shobu (positiver Weg)
Uke: Rotkiefer *(Pinus densiflora)*
Hikae: Rotkiefer
Mikoshi: Zypresse
Hikae-ue: Zypresse
Kariha: Blätter von Shaga *(Iris japonica)*
Oha: Mispelblätter
Do: Buchsbaum
Maeoki: Buchsbaum
Hikae-shita: Buchsbaum
Irogiri: Spindelstrauch *(Euonymus japonica)*
Kidome: Kurume-Azalee *(Rhododendron obtusum)*
Kusadome: Salomonssiegel *(Polygonatum falcatum)*
Ushirogakoi: junge Kiefer
Gefäß
trompetenförmige Bronzevase
Untersatz
Holzbrett
Form des Arrangements
Noki-shin (Biegungspunkt: normale Stufe)
rechtsseitig
Förmlichkeit: Gyo

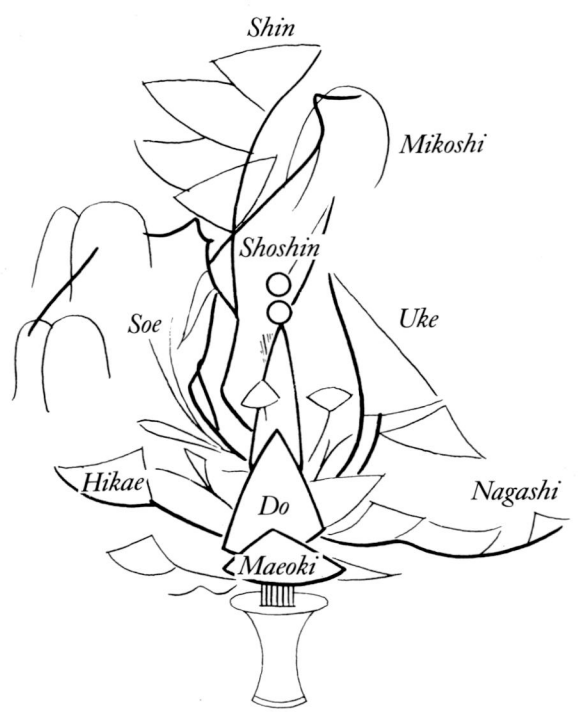

Tafel 9

Ein Halm Chinaschilf
(Susuki Hitoha)

»Susuki Hitoha« ist eine Technik, die einen einzigen Halm Chinaschilf *(Miscanthus sinensis)* als Verschönerung des Aussehens (Sugatanaoshi) zum Soe oder zum Mikoshi hinzufügt. Susuki Hitoha wird auch »Ippon Susuki« (ein Stück Chinaschilf) genannt. Chinaschilf muß hier immer mit seinem Halm (= Stiel) benutzt werden.

Die überlieferte Schrift lautet: »Es wirkt sehr interessant, wenn Chinaschilf Chrysanthemen unterstützt.« Wenn ein Chrysanthemenstiel in Mikoshi-Länge verwendet wird, wirkt der Mikoshi zu schwer. Wenn er aber kurz geschnitten wird und die Länge durch einen Halm Chinaschilf ersetzt wird, wirkt der Mikoshi sehr leicht und hübsch. Ein schön schwingender Chinaschilf an der Stelle des Mikoshi ist wirklich sehr wirkungsvoll und das ist die Grundidee dieser Technik.

Das abgebildete Arrangement (Tafel 10) verwendet einen Halm Chinaschilf direkt als Mikoshi. Normalerweise wird so ein Halm unter dem Mikoshi und unter dem Soe als Ashirai (Ergänzungsstiel) gesteckt, hier aber schwebt er als Aufbaustiel großzügig zwischen dem Shin und dem Uke.

Chinaschilf ist ein Gras, aber beim Ikebana wird es als Tsuyomono (zwischen Kimono und Kusamono) betrachtet, deshalb kann er auch hinter dem Shoshin als Kimono angeordnet werden. Der Shoshin wurde sehr kurz gehalten, damit die schwebende Wirkung des Chinaschilfs gut zur Geltung kommt und sogleich hält er ein Gleichgewicht zu dem in die Gegenrichtung schön gebogenen Shin. Dieses Rikka-Arrangement ruft die Stimmung des Herbstes wach, die auch vom Herbstmotiv des Porzellangefäßes verstärkt wird.

Material
Shin: Azalee
Soe: Azalee
Uke: Azalee
Hikae: Azalee
Do: Azalee
Maeoki: Azalee
Soe-shita: Tanne
Nagashi: Tanne
Mikoshi: Chinaschilf *(Miscanthus sinensis)*
Kusamichi: weiße und gelbe Chrysanthemen (positiver Umweg)
Irogiri: Spindelstrauch *(Euonymus japonica)*
Kidome: Kamelie
Kusadome: kleine Chrysanthemen
Shoshin: junge Kiefer
Ushirogakoi: junge Kiefer
Gefäß
eckiger blauweißer Porzellantopf mit Malerei der vier Jahreszeiten
Form des Arrangements
Noki-shin (Biegungspunkt: mittlere Stufe)
linksseitig
Förmlichkeit: Gyo

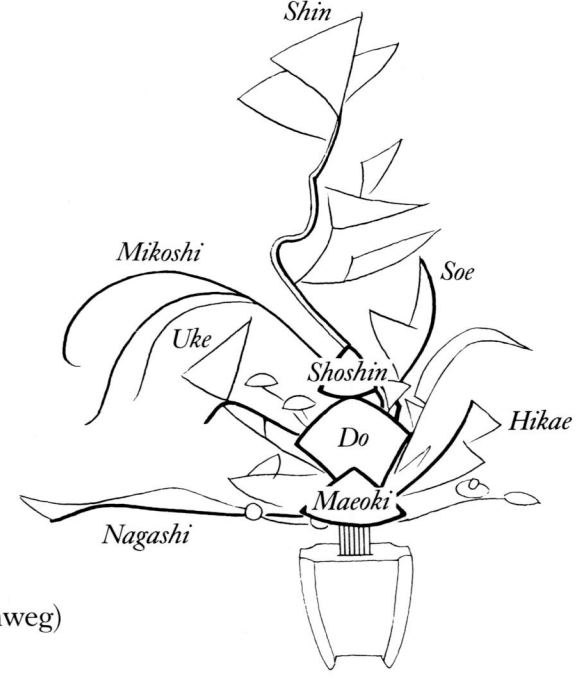

Tafel 10

Zwei Große Blätter (Nimai Oha)

»Nimai Oha« ist eine Technik, die nur zwei große Lichtblätter (Oberseite nach vorn zeigend) unter dem Mikoshi oder unter dem Soe verwendet.

Nimai Oha (Zwei Große Blätter) sind mit den normalen Oha (Große Blätter) verwandt aber nicht identisch. »Nimai Oha« sind zwei Lichtblätter, die hinter dem Shin gesteckt werden, während die normalen Oha, immer Licht- und Schattenblätter gemischt, vor dem Shin angeordnet werden. Diese Technik wird dann verwendet, wenn die Vorderseite eines Arrangements schwer geworden ist, um den Schwerpunkt nach hinten zu verschieben.

In der Regel ist die Anzahl der Großen Blätter in einem Arrangement fünf oder sieben. Die überlieferte Schrift hält »Nimai Oha« für die schwierigste Oha-Technik. Sie erfordert in der Tat meisterhafte Fertigkeiten.

Um Kontrast zu den zwei großen Lichtblättern herzustellen, werden auf der Nagashi- und Hikae-Seite viele Schattenblätter von Mokusei *(Osmanthus asiaticus)*, Bambusgräsern *(Sasa veitchii)* oder Iwakagami *(Schizocodon soldanelloides)* verwendet. Ideal ist es, zwei Große Blätter so zu verwenden, daß sie die Vorderseite des Arrangements betonen und gleichzeitig die Verbindung von Zweigen (Ki no En) nach hinten herstellen können. Da »Nimai Oha« immer hinter dem Shin Platz nehmen müssen, sollen es Blätter von Zweigen (Kimono) sein.

In dem abgebildeten Arrangement (Tafel 11) wurden zwei große, flache Mispelblätter verwendet, um die krause, kleinblättrige Zypresse im Do zu betonen. Das eine Blatt zeigt den großen Teil des Blattes, das andere nur die Spitze innerhalb des Uke.

Obwohl der Shin von der unteren Stufe abbiegt, wurde der Uke hier nicht erhöht (vgl. Uke-agari, Seite 92), weil der Shin aus einem tief hängenden Weidenzweig besteht.

Als Winterarrangement wurde der Shoshin aus junger Kiefer (Kimono) gebildet, damit auch die Verbindung der Zweige (Ki no En) von den zwei großen Blättern nach hinten fortgesetzt wird.

Material
Shin: Trauerweide
Soe: Wacholder
Uke: Wacholder
Hikae: Wacholder
Mikoshi: Tanne
Nagashi: Tanne
Uchi-soe: Tanne
Kusamichi: Narzissen (positiver Weg)
Kariha: Blätter von Shaga *(Iris japonica)*
Oha (Nimai Oha): Mispelblätter
Do: Zypresse
Maeoki: Kamelie
Kidome: Straußfarn
Kusadome: Winterchrysanthemen *(Chrysanthemum morifolium)*
Shoshin: junge Kiefer
Ushirogakoi: junge Kiefer
Gefäß
Bronzevase mit Arabeskrelief und drachenförmigen Zierhenkeln
Form des Arrangements
Noki-shin (Biegungspunkt: untere Stufe)
rechtsseitig
Förmlichkeit: Gyo

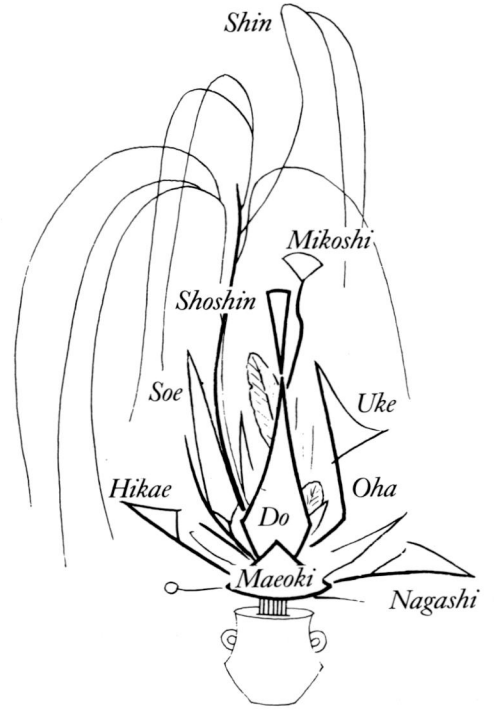

Tafel 11

Blumen im Tal (Tanikusa)

»Tanikusa« ist eine variierte Technik der Plazierung des Kusadome (Blumen-Abschluß).

Der normale Kusadome wird vor dem Hikae oder dem Nagashi gesteckt, während der Tanikusa entweder hinter dem Hikae oder hinter dem Nagashi angeordnet wird. Dadurch erinnert die Gestaltung an eine Szene im Tal, wo Kusadome (Blumen) hinter den vorderen Zweigen zu sehen sind. So nennt man diese Technik »Tanikusa« (Blumen im Tal).

Nach der überlieferten Schrift soll Tanikusa nur dann angewandt werden, wenn das gleiche Pflanzenmaterial für den Do und den Hikae oder für den Maeoki und den Nagashi verwendet wird. In diesem Fall ist es nämlich schwierig, Kusadome vor dem Hikae oder dem Nagashi zu stecken, weil die Verbindung der Zweige (Ki no En) unterbrochen wird. Deshalb wird Kusadome hinter dem Hikae oder dem Nagashi gesteckt. Dabei soll der Hikae oder der Nagashi etwas weiter nach vorn als gewöhnlich gerückt werden, so daß es genügend Platz für den hinteren Kusadome (Tanikusa) gibt.

Das abgebildete Arrangement (Tafel 12) wurde unter Verwendung von Nobori-do Otsukai (vgl. Seite 90) gestaltet; Buchsbaum wurde für den Do, den Maeoki und den Hikae verwendet – ein Grund für die Anwendung von Tanikusa.

Aus der grünen Masse vom Buchsbaum steigt der Shin aus Kiefer etwas geneigt empor. Der Uke besteht ebenfalls aus Kiefer. In Kontrast zu dem körperhaften Buchsbaum wurde eine leichte Akame-Weide *(Salix chaenomeloides)* für den Nagashi arrangiert. Die gleiche Weide mit ihrer anmutigen Linie wurde harmonisch ausgewählt, um den Soe und den Mikoshi zu formen.

Die überlieferte Schrift lautet: »Es ist wichtig, die Verbindung von Kimono (Ki no En) nach hinten fortzusetzen. Deshalb sollen Kiefer oder Zypresse zusätzlich hinter den Tanikusa gesteckt werden.« In diesem Arrangement dient der Buchsbaum hinter der Iris als Verbindung des Kimono (Abbildung 197 Seite 106).

Material
Shin: Goyo-Kiefer *(Pinus parviflora)*
Uke: Goyo-Kiefer
Mikoshi: Akame-Weide *(Salix chaenomeloides)*
Soe: Akame-Weide
Nagashi: Akame-Weide
Do: Buchsbaum
Maeoki: Buchsbaum
Hikae: Buchsbaum
Shoshin: Narzissen
Oha: Mispelblätter
Kusamichi: Iris (Iris-Hollandica) (positiver Weg)
Kariha: Blätter von Shaga *(Iris japonica)*
Mikoshi-shita: Eibe
Uke-shita: Eibe
Oha-shita: Eibe
Kidome: Kamelie
Kusadome: kleine Chrysanthemen
Ushirogakoi: junge Kiefer
Gefäß
Son-förmige Bronzevase (Son ist ein zeremonielles Gefäß)
Form des Arrangements
Noki-shin (Biegungspunkt: mittlere Stufe)
linksseitig
Förmlichkeit: Gyo

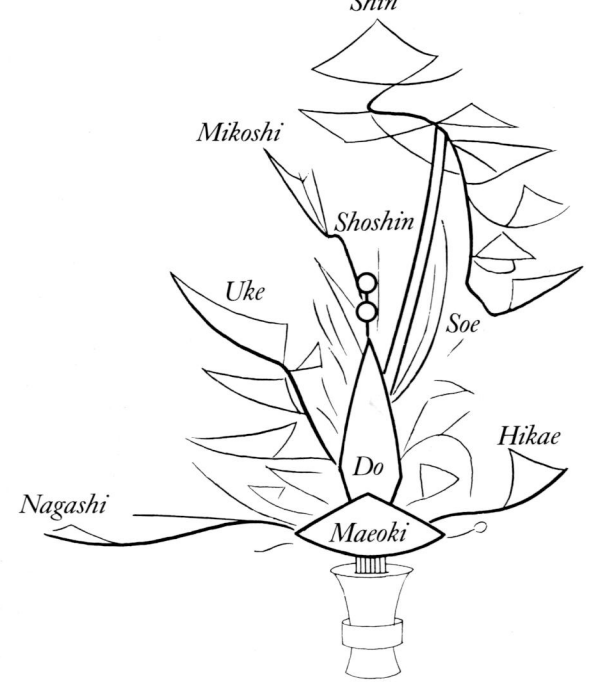

Tafel 12

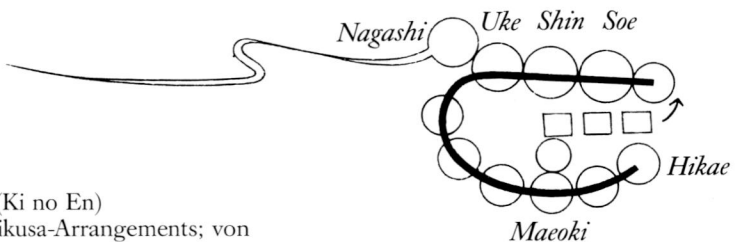

Abb. 197 Verbindung des Kimono (Ki no En)
Foto: Der Fuß des linksseitigen Tanikusa-Arrangements; von
der Soe-Seite her gesehen
Zeichnung: Einsteckpunkte des linksseitigen
Tanikusa-Arrangements

Wenn man nicht gewöhnt ist, die Seitenansicht eines
Arrangements zu studieren, ist es schwierig zu erkennen, wo
die Aufbaustiele sind. Das Foto zeigt ein
Tanikusa-Arrangement, gesehen von der Lichtseite
(Soe-Seite). Es läßt erkennen, wie eine Verbindung von
Zweigen (Ki no En) sich vom Hikae über dem Maeoki bis
zum Nagashi erstreckt. Außerdem wurde noch ein
Buchsbaumzweig hinter den Iris (Kusamono) hinzugefügt,
damit sich die Zweige weiter nach hinten fortsetzen.

Die schematische Zeichnung zeigt die Einsteckpunkte der
Aufbaustiele dieses Arrangements. Die Position des Hikae
wurde etwas nach vorn gerückt, damit die Blumen
(Tanikusa) genügend Platz dahinter bekommen.

106

NEUNZEHN LEKTIONEN

Übersicht

Neunzehn Lektionen (Jukyukajo) ist das älteste Rikka-Buch; seine erste Fassung wurde vermutlich im 15. Jahrundert vom 12. Leiter der Ikenobo-Schule, Sengyo (= Senkei), geschrieben. Von den späteren Ikenobo-Meistern wurde es bearbeitet und zu seiner heutigen Form weiterentwickelt.

»Jukyukajo« enthält die folgenden insgesamt 19 Rikka-Variationen: sieben Einzelgestecke, drei Variationen des Do, drei Variationen des Maeoki, drei Variationen des Nagashi, zwei Variationen des Shin und eine Sonderform.

Sieben Einzelgestecke
1 Kieferngesteck (Matsu Isshiki)
2 Kirschgesteck (Sakura Isshiki)
3 Irisgesteck (Kakitsubata Isshiki)
4 Lotosgesteck (Hasu Isshiki)
5 Chrysanthemengesteck (Kiku Isshiki)
6 Ahorngesteck (Momiji Isshiki)
7 Narzissengesteck (Suisen Isshiki)

Drei Variationen des Do
8 Do mit Kiefer (Matsu no Do)
9 Do mit Bambus (Take no Do)
10 Do mit Päonie (Botan no Do)

Drei Variationen des Maeoki
11 Maeoki mit Kiefer (Matsu no Maeoki)
12 Maeoki mit Rohdea (Omoto no Maeoki)
13 Maeoki mit Farn (Shida no Maeoki)

Drei Variationen des Nagashi
14 Uke-Nagashi-Verbindung (Uke-nagashi-eda)
15 Mittelstufiger Nagashi (Chudan-nagashi-eda)
16 Linksseitiger Nagashi (Hidari-nagashi-eda)

Zwei Variationen des Shin
17 Doppel-Shin (Futatsu-shin)
18 Verbundener Shin (Ai-jin)

Eine Sonderform
19 Azaleenlandschaft (Dan no Tsutsuji)

Die sieben Einzelgestecke (Nana Isshiki) sind Rikka-Arrangements, die jeweils Symbolpflanzen einer Jahreszeit besonders schön zur Geltung bringen:
Frühling: Kirschzweig
Sommer: Iris und Lotosblume
Herbst: Chrysantheme und Ahorn
Winter: Narzisse
Kiefer ist eine Ausnahme; sie kann das ganze Jahr hindurch gesteckt werden.

Von einem Einzelgesteck spricht man übrigens selbst dann, wenn neben der Hauptpflanze noch andere Pflanzenarten oder -gattungen in untergeordneter Stellung verwendet werden, z.B. Sumpfblume im Irisgesteck (siehe Tafel 15).

Drei Variationen des Do (Sanka no Do), drei Variationen des Maeoki (Sanka no Maeoki) und drei Variationen des Nagashi (Sanka no Nagashi-eda) sind Rikka-Arrangements, in denen jeweils ein Aufbaustiel entweder durch das verwendete Material oder durch die Gestaltung betont wird.

Dazu kommen zwei Variationen des Shin: Doppel-Shin (Futatsu-shin) und Verbundener Shin (Ai-jin).

Schließlich gibt es noch eine Sonderform, Azaleenlandschaft (Dan no Tsutsuji). Obwohl dieses Arrangement in technischer Hinsicht als Einzelgesteck betrachtet werden kann, wurde es traditionell nicht zusammen mit den »Sieben Einzelgestecken« behandelt, sondern nimmt als eine Form der Landschaftsdarstellung eine Sonderstellung ein.

Im folgenden werden die neunzehn Variationen jeweils mit einem Arrangementsbeispiel ausführlich, und zwar in der überlieferten Reihenfolge, dargestellt.

Kieferngesteck (Matsu Isshiki)

Die immergrüne Kiefer ist Symbol Japans, deshalb beginnt mit ihr die erste Lektion der »Sieben Einzelgestecke«.

Ein Kieferngesteck kann im Sugu-shin (Rikka mit geradem Shin) oder auch in allen fünf Formen des Noki-shin (Rikka mit gebogenem Shin) angeordnet werden; dabei kann der Biegungspunkt von der Mizugiwa-Stufe bis zur oberen Stufe gewählt werden. Außerdem ist dieses Gesteck auch in Sunanomono-Form sehr beliebt. Wegen solcher Vielseitigkeit wird das Kieferngesteck als Grundform des Rikka angesehen.

»Für den Sugu-shin (den geraden Shin) verwende Midorimatsu oder Kasamatsu« lautet die überlieferte Schrift. Midorimatsu (grüne Kiefer) bezieht sich auf einen Shin aus einem jungen Kiefernast, (siehe Abbildung 6, Seite 18) und Kasamatsu (Kiefernschirm) einen Shin, der wie ein Regenschirm aussieht (siehe Abbildung 7, Seite 18). Der Shin muß immer einen Trieb unten (Ichi no Eda) besitzen, und dieser muß nach der Lichtseite des Arrangements (d.h. Soe-Seite) gerichtet werden. Für den Shoshin empfiehlt die überlieferte Schrift

Kiefer in Form eines Chasenmatsu (siehe Abbildung 9, Seite 19) oder eines Hagematsu (siehe Abbildung 10, Seite 19).

Kiefernzapfen sollen auf der Lichtseite des Arrangements bis zum Mizugiwa-Fußpunkt verwendet werden. Sie ersetzen die Blumen, die nie im Kieferngesteck auftreten. Sugu-shin-Arrangements aus Kiefer sind in der Regel für festliche Anlässe gestaltet, deshalb sind moosbedeckte oder verwitterte Kiefernäste nicht erwünscht.

Für den Noki-shin (den gebogenen Shin) können moosbedeckte, verwitterte Kiefernäste an zwei oder drei Stellen benutzt werden. Der Shoshin wird aber meistens mit junger Kiefer gestaltet.

Für eine Abschiedsfeier wird ein Irimatsu (zurückkehrende Kiefer) unter dem Mikoshi oder dem Soe hinzugefügt; diese Kiefer wird so gebogen, daß die Nadeln sich nach vorn richten. Sie deutet symbolisch an, daß der Verabschiedende bald wieder zurückkehren möge.

Bei allen Kieferngestecken (Sugu-shin, Noki-shin und Sunanomono), wird ein Doboku, dessen oberes Ende horizontal abgeschnitten wird, als Stützpfeiler und zugleich als Nebenstiel verwendet.

In dem abgebildeten Arrangement (Tafel 13) gibt es keinen verwitterten Ast. Ein gerader Kiefernast steht in der Mitte als Doboku, ein Irimatsu (zurückkehrende Kiefer) wurde unter dem Soe angeordnet. Der Shin biegt von der unteren Stufe ab, deshalb wurde der Uke erhöht und der Mikoshi entsprechend verkleinert; eine Anwendung der Uke-agari- und der Uchi-mikoshi-Technik (vgl. Seite 92).

Material
Shin: Schwarzkiefer *(Pinus thunbergii)*
Uke: Schwarzkiefer
Nagashi: Schwarzkiefer
Soe: Goyo-Kiefer *(Pinus parviflora)*
Mikoshi: Goyo-Kiefer
Honza-uke: Goyo-Kiefer
Kidome: Goyo-Kiefer
Do: Rotkiefer *(Pinus densiflora)*
Maeoki: Rotkiefer
Hikae: Rotkiefer
Shoshin: Kashima-Kiefer (Varietät aus Chiba)
Uchi-soe: Kashima-Kiefer
Soe-shita: Kashima-Kiefer (Irimatsu)
Kusamichi: Kiefernzapfen und Kiefer mit weißen Spitzen
Kusadome: Kiefernzapfen
Ushirogakoi: junge Kiefer
Gefäß
Bronzevase mit Arabeskzierhenkeln
Untersatz
Holzbrett
Form des Arrangements
Noki-shin (Biegungspunkt: untere Stufe)
  und Uke-agari-Variation mit Uchi-mikoshi
rechtsseitig
Förmlichkeit: Gyo

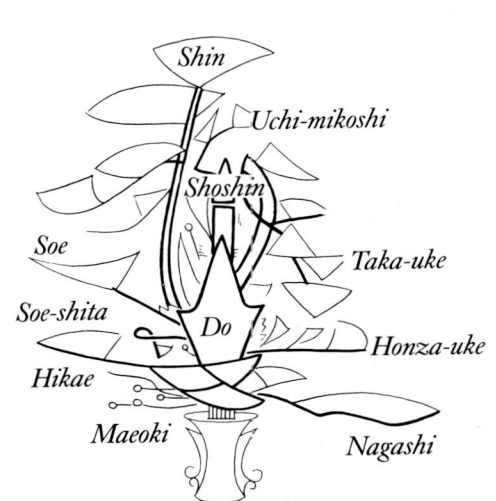

Tafel 13

Kirschgesteck (Sakura Isshiki)

Ein Kirschgesteck im Rikka-Stil stellt eine Kirschblütenszene dar. Drei bis fünf verschiedene Arten von Kirschzweigen werden in der Gyo-Stufe der Förmlichkeit arrangiert.

Die überlieferte Schrift lautet: »Der Kirschzweig mit Knospen soll oben, und der mit offenen Blüten unten angeordnet werden.« Der Grund dafür ist, daß die Kirschblüten am unteren Teil des Baums zuerst und die an der Spitze zuletzt blühen, und daß die Kirschen im Tal früher als die auf einem hohen Berg blühen. Der Shin, der zum oberen Teil des Arrangements gehört, soll also mit einem Kirschzweig mit Knospen gestaltet werden. Für den mittleren und den unteren Teil des Arrangements dagegen werden Kirschzweige mit voll geöffneten Blüten angeordnet.

Vom Do bis zum Uke werden Bergkirschen *(Prunus donarium)* verwendet, und gefüllte Kirschen *(prunus serrulata)* werden zusätzlich für den Do empfohlen, um dort Volumen zu geben. Auch der Shin mit hängenden Kirschen *(Prunus 'Itosakura')* ist sehr elegant und beliebt, weil er den Eindruck des Nebels an der Bergspitze erweckt, aber es ist äußerst schwierig, damit ein Kirschgesteck zu arrangieren, weil die Blütezeit der hängenden Kirschen etwas früher als die der anderen Arten ist.

Nach der überlieferten Schrift können Kiefer, Zypresse, Wacholder, Mispel, Eiche oder Buchsbaum für dieses Einzelgesteck mitgesteckt werden. Die kräftige grüne Farbe dieser Pflanzen gibt den zartrosa Kirschblüten einen tiefen Hintergrund und erinnert zugleich an die Berglandschaft mit Kirschblüten im Vordergrund. Die zurückhaltende Art der Kirschblüten wird von fünf oder sieben Schattenblumen (Urabana) unter dem Soe oder dem Uke ausgedrückt; eine Schattenblume ist eine Blume, die ihre Rückseite nach vorn zeigt.

Es ist ein fröhliches Arrangement, das gern für heitere Parties mit Sake anläßlich der Blütenschau gestaltet wird.

In dem abgebildeten Arrangement (Tafel 14) wurden Bergkirschen *(Prunus donarium)* für den Shin, den Soe, den Uke, den Nagashi und den Do verwendet, während gefüllte Kirschen *(Prunus serrulata)* und Someiyoshino-Kirschen *(Prunus yedoensis)* als Ergänzungsstiele an mehreren Stellen gesteckt wurden. Rote Kiefer wurde für den Mikoshi und den Hikae benutzt, um die Berglandschaft im Hintergrund anzudeuten. Vom Shoshin zum Kusamichi wurde eine Reihe von Iris gesteckt, um einen durch kleine Dörfer fließenden Fluß darzustellen.

Material
Shin: Bergkirschen *(Prunus donarium)*
Uke: Bergkirschen
Soe: Bergkirschen
Nagashi: Bergkirschen
Do: Bergkirschen
Uchi-soe: gefüllte Kirschen *(Prunus serrulata)*
Soe-shita: gefüllte Kirschen
Uke-shita: gefüllte Kirschen (Urabana)
Do-uchi: Someiyoshino-Kirschen *(Prunus yedoensis)*
Mikoshi: Rotkiefer *(Pinus densiflora)*
Hikae: Rotkiefer
Shoshin: Japanische Iris *(Iris laevigata)*
Kusamichi: Japanische Iris (positiver Umweg)
Oha: Mispelblätter
Kariha: Blätter von Shaga *(Iris japonica)*
Maeoki: Buchsbaum
Kidome: Rosen
Kusadome: Margeriten
Ushirogakoi: junge Kiefer
Gefäß
alte Bronzevase mit Phönixzierhenkeln
  (entworfen von Kojima Bansui, dem Lehrer des Autors)
Untersatz
traditioneller rotlackierter Untersatz der Ikenobo-Schule.
Form des Arrangements
Noki-shin (Biegungspunkt: mittlere Stufe)
linksseitig
Förmlichkeit: Gyo

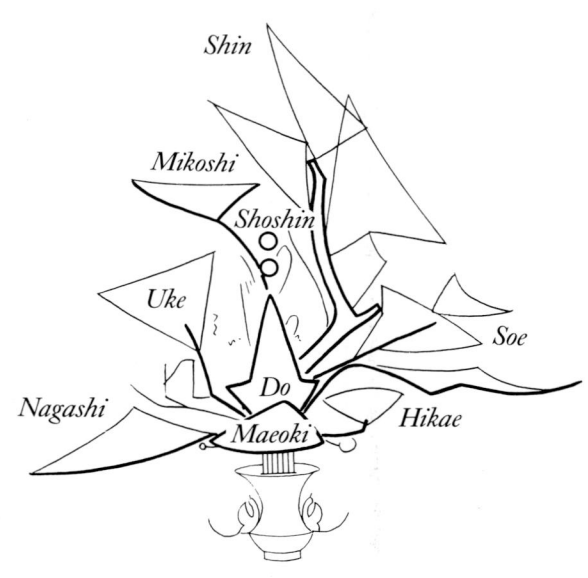

Tafel 14

Irisgesteck (Kakitsubata Isshiki)

Für ein Irisgesteck im Rikka-Stil sind »Kakitsubata« *(Iris laevigata)* des Hochsommers am besten geeignet, weil ihre Blütenstiele lang und ihre Blätter verschiedenförmig sind. Kakitsubata im Frühling sind dagegen noch zu niedrig, um ein Rikka-Arrangement in Ubudate-Form (natürlicher Aufbau) gestalten zu können. »Hanashobu« *(Iris ensata)* und »Shaga« *(Iris japonica)* können mitgesteckt werden, aber sie sind wegen ihrer Eintönigkeit für Einzelgestecke nicht geeignet. Kakitsubata können auch in Sunanomono-Form gestaltet werden.

Für den Shin wird in der Regel eine offene Blüte verwendet, während eine Knospe für den Shoshin bevorzugt wird. Der Maeoki und der Do brauchen offene Blüten, aber es ist schwierig, allein mit Iris den Maeoki zu formen; es empfiehlt sich deshalb eine Wasserpflanze wie Sumpfblume *(Nuphar japonica)* hinzuzufügen, die zugleich farbliche Abwechslung verleiht.

Obwohl das abgebildete Arrangement (Tafel 15) nur lila Iris zeigt, können die Iris auch weiß oder getupft sein. Es können auch verschiedene Farben in einem Arrangement gemischt werden, aber dann soll am besten Lila oder Weiß für den Shin gewählt werden.

Eine Schattenblume (Urabana), die ihre Rückseite nach vorn zeigt, wird unter dem Soe oder unterhalb des Uke angeordnet.

Es ist äußerst wichtig, jede Blüte klar zur Geltung zu bringen, und um dieses Ziel zu erreichen, ist die Technik der Plazierung von Blättern maßgebend. Die Blätter, die den Hikae oder den Nagashi begleiten, sollen ihre flachen Seiten nach vorn zeigen, damit ihre Spitzen nicht hängen. Die Blätter von Shaga *(Iris japonica)* sollen nach der Überlieferung als »Kariha« (geliehene Blätter) für den Do hinzugefügt werden, um dort Volumen zu geben, weil Shaga-Blätter körperhafter sind als die der Kakitsubata. Hier ist die Kenntnis des »Kariha« erforderlich. Die Blätter von Kakitsubata werden immer in ihrer natürlichen Form verwendet, während die geliehenen Blätter zugeschnitten werden können. Shaga-Blätter lassen oft ihre Spitzen hängen, was für den unteren Teil des Arrangements nicht günstig ist; auch deshalb ist es zweckmäßig, sie mit der Schere zuzuschneiden. Shaga-Blätter werden in der Art von Oha (Große Blätter), und zwar immer zu dritt, verwendet.

Der Autor (Fujiwara Yuchiku) fügt hinzu: »Als ich 1926 zum ersten Mal zu meinem verehrten Lehrer, Herrn Kojima, kam, sagte er, daß »Kariha« (geliehenes Blatt) ein »Borokakushi« (Verdeckung des Unschönen) ist, und daß man erst dann ein erfahrener Rikka-Meister wird, wenn man auch diese Technik gut beherrscht. Ich kann diese Lehre nie vergessen.«

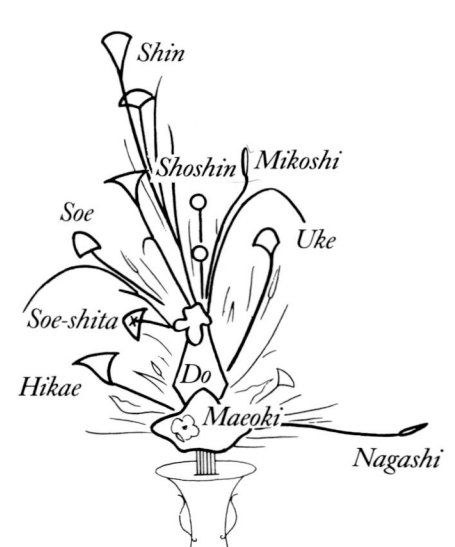

Material
Shin: Japanische Iris *(Iris laevigata)*
Soe: Japanische Iris
Uke: Japanische Iris
Hikae: Japanische Iris
Shoshin: Japanische Iris
Mikoshi: Japanische Iris
Nagashi: Japanische Iris
Do: Japanische Iris
Soe-shita: Irisblütenstiel (Urabana)
Kariha: Blätter von Shaga *(Iris japonica)*
Kusadome: Blätter von Shaga
Maeoki: gelbe Sumpfblume *(Nuphar japonica)* mit offenen Blättern
Kidome: gerollte Blätter von der Sumpfblume
Gefäß
alte Bronzevase mit drachenförmigen Zierhenkeln
Form des Arrangements
Noki-shin (Biegungspunkt: mittlere Stufe)
rechtsseitig
Förmlichkeit: Gyo (Gyo no Gyo)

Lotosgesteck (Hasu Isshiki)

Die Lotosblume *(Nelumbo nucifera)* symbolisiert Reinheit und hat eine enge Beziehung zum Buddhismus. Wenn Buddha von Blumen sprach, meinte er immer die Lotosblume. Es gibt viele Episoden, in denen Buddha seine Philosophie mit Lotosblumen ausgedrückt hat, z.B. Nenge-Misho* Außerdem wird der aus dem Buddhismus stammende Begriff »drei Seinsweisen der Zeit« vor allem bei Lotosarrangements versinnbildlicht: offene Blüten oder offene Blätter symbolisieren die Gegenwart, Knospen und gerollte Blätter die Zukunft und Früchte und halbgetrocknete Blätter die Vergangenheit.

Bei der Gestaltung soll nach der Überlieferung eine Knospe oben und eine Blüte unten angeordnet werden; die kleine Knospe oben deutet außerdem »die ferne Sicht« und die große Blüte unten »die nähere Sicht« an. Eine Frucht wird in der Regel an der Seite angeordnet.

_____

* Nenge-Misho (wörtlich: »Drehen von Blumen, mit Lächeln beantwortet«) bedeutet sinngemäß: Die Lehre wird den Schülern auch ohne Worte vermittelt. Dieser Ausdruck kommt aus der Geschichte Buddhas. Bei einer Predigt drehte er scheinbar unabsichtlich eine Lotosblume zwischen den Fingern. Der einzige Schüler, der die Geste verstand, war Maka Kasho, und er lächelte zurück.

Material
Shin: offene Lotosblätter (Hirakiba)
Uke: offene Lotosblätter
Hikae: offene Lotosblätter
Maeoki: offene Lotosblätter
Mikoshi: geschlossene Lotosblätter (Tsunoba)
Nagashi: geschlossene Lotosblätter
Kidome: geschlossene Lotosblätter
Kusadome: geschlossene Lotosblätter
Soe: gerollte Lotosblätter (Makiba)
Uke-shita: gerollte Lotosblätter
Hikae-shita: gerollte Lotosblätter
Shoshin: Lotosknospe
Do: halbgeöffnete Lotosblätter (Shumokuba) und Lotosblüte
Soe-shita: Lotosfrucht
Ushirogakoi: halbgetrocknetes Lotosblatt (Kuchiba)
Gefäß
lotosblattförmiges Eisengefäß
Form des Arrangements
Noki-shin (Biegungspunkt: normale Stufe)
rechtsseitig
Förmlichkeit: Gyo (Gyo no Shin)

Je ein offenes Blatt (Hirakiba) wird in der Regel für den Shin, den Uke und den Maeoki verwendet, ein halbgeöffnetes Blatt (Shumokuba) für den Do und ein halbgetrocknetes (Kuchikuba) für den Ushirogakoi. Für die anderen Stellen werden geschlossene (Tsunoba), gerollte (Makiba) und halbgeöffnete Blätter (Shumokuba) gleichmäßig verteilt. Schwimmende Blätter (Ukiba) können beim Lotosgesteck nur in Sunanomono-Form verwendet werden.

Das Lotosgesteck kann durch andere Wasserpflanzen, wie Japanische Iris, Rohrkolben oder Sumpfblume ergänzt werden.

In dem abgebildeten Arrangement (Tafel 16) werden vier offene Blätter (Hirakiba) für den Shin, den Uke, den Hikae und den Maeoki verwendet; allerdings wurde ein relativ kleines Blatt für den Hikae gewählt, deshalb vermittelt das Arrangement das Gefühl von dreieinhalb Blättern.

Das Soe-Blatt und die Frucht unter dem Soe wurden etwas nach hinten gerichtet, dadurch entsteht Tiefe und Kraft im Arrangement.

Die Lotosblume ist dafür bekannt, daß sie schlecht Wasser aufsaugt, wenn sie einmal abgeschnitten wurde. Aber wenn man Laugen- oder Gipswasser in den Lotosstengel einpumpt, hält sie sich etwa bis zu einer Woche. Wenn man vorsichtig einen Blumendraht in den Stengel einführt, kann man den Stengel nicht nur leicht am Komiwara-Steckhilfsmittel einstecken, sondern ihn auch in die gewünschte Richtung biegen; die schöne Kurve des Hikae-Stiels wurde durch diese Technik erreicht.

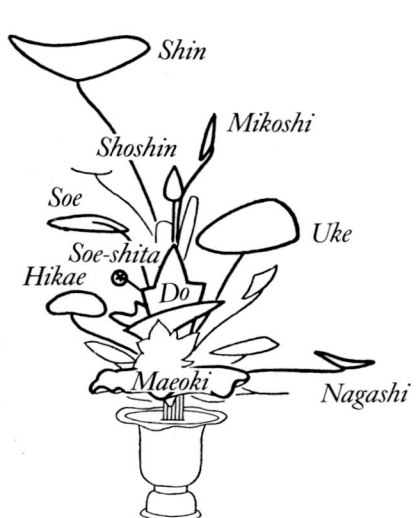

Chrysanthemengesteck (Kiku Isshiki)

Die Chrysantheme *(Chrysanthemum morifolium)* ist ein Herbstsymbol, und diese prächtige Blume hat von Alters her ihren Platz als beliebteste Blume im täglichen Leben behauptet. Beim Rikka werden Chrysanthemen so arrangiert, daß ihre unterschiedlichen Farben und Größen gut zur Geltung kommen.

Nach der überlieferten Schrift ist allerdings die farbliche Abstimmung am wichtigsten. Das schöne Grün, das glänzende Gelb, das heitere Rot, das feine Weiß und das düstere Lila sollen alle richtig zum Ausdruck gebracht werden.

Da Gelb als die ursprüngliche Chrysanthemenfarbe gilt, werden in der Regel mehr gelbe Chrysanthemen im Arrangement verwendet. Wird eine weiße Chrysantheme für den Shin gewählt, soll eine Knospe von gelben oder roten Chrysanthemen für den Shoshin benutzt werden.

Bei Chrysanthemen werden im allgemeinen drei Größen unterschieden: Chrysanthemen mit großen Blüten (Ogiku), mit mittelgroßen Blüten (Chugiku) und mit kleinen Blüten (Kogiku). Für den Shin wird eine mit großer Blüte gewählt. Ist keine große erhältlich, werden mehrere mittelgroße benutzt. Für den Nagashi wird eine Chrysantheme mit mittelgroßen oder kleineren Blüten gewählt, allerdings ist die elegante, fließende Form des Stiels

hier sehr wichtig. Für den Do wird keine Blüte sondern nur eine Masse von Blättern verwendet.

Eine Schattenblume* wird entweder unter dem Soe oder unterhalb des Uke hinzugefügt. Diese Blume zeigt ihre Rückseite nach vorn, so daß sie dem Arrangement Tiefe und Abwechslung verleiht. Chrysanthemen werden nicht in Sunanomono-Form arrangiert. Sie gehören zu den vornehmsten Blumen, deshalb sind sie nicht für Sunanomono geeignet, das zur lockersten So-Stufe der Förmlichkeit gehört.

Um elegant geschwungene Chrysanthemenstiele zu gewinnen, kann man den Stiel mit einem Blumendraht umwickeln und ihn dann in die gewünschte Richtung biegen. Ist der Draht sichtbar, soll man ihn in den Stengel einführen, und zwar von der Blütenseite aus nach unten. Diese Technik wurde bei dem abgebildeten Arrangement (Tafel 17) für den Soe, den Hikae und die Schattenblume unter dem Soe angewandt. Ein feiner Draht wurde auch an der Spitze des Nagashi-Stiels eingeführt, so daß die kleinen Blüten nach oben gerichtet werden konnten.

---

* Schattenblumen von Chrysanthemen werden Uragiku (Rückseitige Chrysantheme) oder Tsujigiku (Kreuzchrysantheme) genannt.

Material

Shin: große gelbe Chrysanthemen
Hikae: große gelbe Chrysanthemen
Uke: mittelgroße gelbe Chrysanthemen
Soe: große weiße Chrysanthemen
Uke-uchi: große weiße Chrysanthemen
Mikoshi: kleine rote Chrysanthemen
Hikae-ue: kleine rote Chrysanthemen
Uchi-soe: mittelgroße hellrote Chrysanthemen
Soe-shita: mittelgroße hellrote Chrysanthemen (Tsujigiku)
Shoshin: weiße Spinnenchrysanthemen
Do: Chrysanthemenblätter
Maeoki: kleine gelbe Chrysanthemen
Nagashi: kleine gelbe Chrysanthemen
Kidome: Chrysanthemenknospen
Kusadome: kleine bräunlichrote Chrysanthemen

Gefäß

kobaltblaue Prozellanvase

Form des Arrangements

Noki-shin (Biegungspunkt: mittlere Stufe)
rechtsseitig
Förmlichkeit: Gyo

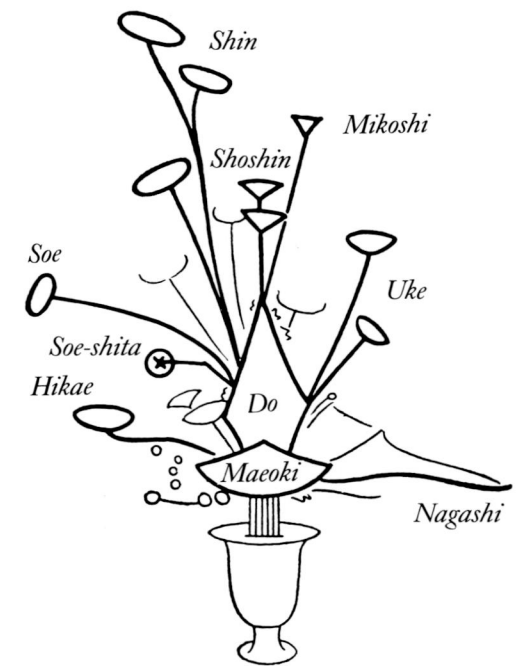

Ahorngesteck (Momiji Isshiki)

Das Rikka-Arrangement aus Ahorn wurde entwickelt, um die herrlichste Landschaft darzustellen, die vom Tal bis zur Bergspitze mit farbenfrohem Ahorn geschmückt ist.

Der Shin wird hoch und mit kräftigem, dunkelrotem Ahorn gestaltet. Der mittlere Teil des Arrangements wird mit roten bis gelben Blättern und der untere Teil mit gelben und grünen gemischt gesteckt. Auf der Schattenseite (Uke-Seite) des Arrangements werden Ahorne mit grünen Blättern empfohlen und auf der Lichtseite (Soe-Seite) dagegen Ahornzweige, deren Blätter schon abgefallen sind. So kann man die Veränderung der Natur in einem Arrangement versinnbildlichen.

Verwitterte Ahornäste können für die Ergänzung des Shin oder als Fundament des Do (Doboku) verwendet werden, um die Klippe in einer Bergschlucht darzustellen.

Unter dem Soe werden Schattenblätter (Uraba) angeordnet, deren Unterseiten nach vorn zeigen, um dem Arrangement Tiefe und Abwechslung zu geben.

In einem Ahorngesteck werden keine anderen farbigen Blätter verwendet, aber immergrüne Zweige wie Kiefer, Wacholder oder Zypresse und Pflanzen mit weißen Blüten wie Narzisse, weiße Chrysantheme oder weiße Kamelie können mitgesteckt werden, um die prachtvollen Farbtöne des Ahorns noch deutlicher zum Ausdruck zu bringen. Ahorn kann auch in Sunanomono-Form gesteckt werden.

Die Stimmung, die bei dem Ahornarrangement ausgedrückt werden soll, verdeutlicht das folgende Gedicht vom 43. Ikenobo-Leiter, Senkei:

Tsuyu koboshi, koboshi hi no teru
    momiji kana

»Regentropfen, Tropfen auf dem in der Sonne
    glänzenden Ahorn«

(Die bald welkenden Ahornzweige glänzen nach
    dem Schauer noch einmal in der Sonne).

Für dieses Arrangement (Tafel 18) wurden hübsche Ahornzweige vom Berg Mitake im Chichibutama-Nationalpark gebracht und nach der Ubudate-methode (natürlicher Aufbau) gesteckt. Die Bergschluchtszene wird durch die Malerei von Bergketten auf den Schiebetüren im Hintergrund unterstützt.

Hübsche Ahornzweige mit schönen Farbtönen sind sehr schwierig zu bekommen. Der Autor (Fujiwara Yuchiku) sagte: »Ich war sehr glücklich darüber, daß ich zur richtigen Zeit am richtigen Ort war. Selbst für mich, einen alten Mann, war es das erste Mal, solch perfektes Material zu entdecken!«

Die Ahornzweige müssen sehr sorgfältig behandelt werden, und man muß vor allem Zugluft vermeiden, nachdem sie abgeschnitten wurden. Wenn möglich, soll man sie schnell arrangieren, während der Tau noch auf den Blättern zu sehen ist. Besprühen der Blätter mit Zuckerwasser ist ein wirksames Mittel gegen das Verwelken.

Material
Shin: roter Ahorn
Soe: roter Ahorn
Mikoshi: roter Ahorn
Uke: roter Ahorn
Nagashi: roter Ahorn
Do: roter Ahorn
Maeoki: roter Ahorn
Ichi no Eda: Ahornzweig mit abfallenden Blättern
Soe-shita: Schattenblätter vom Ahorn (Uraba)
Hikae: Kiefer
Shoshin: junge Kiefer
Ushirogakoi: junge Kiefer
Uke-shita: grüner Ahorn
Kidome: Kamelie mit weißer Knospe
Kusadome: Straußfarn
Gefäß
Porzellanvase mit Schmetterlingsrelief
Untersatz
schwarzlackiertes Holzbrett
Form des Arrangements
Noki-shin (Biegungspunkt: mittlere Stufe)
linksseitig
Förmlichkeit: Gyo (Gyo no So)

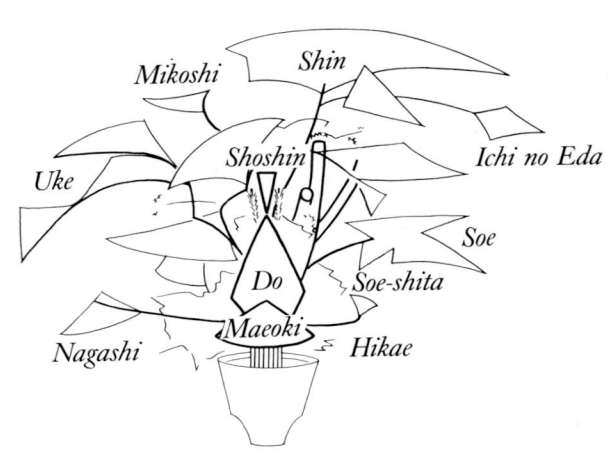

Tafel 18

121

Narzissengesteck (Suisen Isshiki)

Die Narzisse ist eine Symbolblume des Winters. Die charakteristische Eigenschaft der Narzisse *(Narcissus tazetta)* ist ihr senkrechtes Wachstum. Deshalb werden Narzissen im Rikka-Stil nur im Sugu-shin (mit geradem Shin, d.h. Shin-Stufe der Förmlichkeit) angeordnet. Sie werden deshalb auch nicht in Sunanomono-Form gestaltet.

Nach der überlieferten Schrift sollen die Blätter höher als die Blüten angeordnet werden; weil die Blätter für die Gestaltung von Aufbaustielen besser geeignet sind als die Blüten.

Jedes Blatt muß im Arrangement deutlich zur Geltung kommen. Die Oberseite (= Lichtseite) und die Unterseite (= Schattenseite) eines Blattes werden unterschiedlich behandelt; für einen Blütenstiel werden hinten zwei Lichtblätter (Oberseite nach vorn zeigend) und vorn zwei Schattenblätter (Unterseite nach vorn zeigend) zusammengruppiert (siehe schematische Zeichnung). Dann werden die im Arrangement auf der rechten Seite angeordneten Blätter so verdreht, daß sie teilweise ihre Unterseite nach vorn zeigen, und die auf der linken Seite angeordneten Blätter so, daß sie ihre Oberseite teilweise nach vorn zeigen. Für das rechtsseitige Arrangement wird das linke Shin-Blatt als das längste des Arrangements gewählt, während für das linksseitige Arrangement das rechte

Shin-Blatt das längste wird. Für den Soe und den Uke werden keine Blütenstiele, sondern nur Blätter benutzt.

Auf der Lichtseite (Soe-Seite) des Arrangements werden mehr offene Blüten, auf der Schattenseite (= Uke-Seite) mehr Knospen verwendet. Unter dem Soe wird eine Schattenblume (Urabana) hinzugefügt, damit das Arrangement Tiefe und Abwechslung zeigt. Werden weiße und gelbe Blüten benutzt, sollen die weißen höher als die gelben angeordnet werden.

Irisblätter können als Kariha (geliehene Blätter) zusätzlich mitgesteckt werden, und für den Maeoki können Winterchrysanthemen, Ringelblumen oder Fukinoto *(Petasites japonicus)* verwendet werden.

Vor dem Arrangieren werden feine Drähte durch die Blätter und die Blütenstiele eingeführt. Bei Blättern soll man den Draht beim Hineinstecken drehen, während ein Helfer die Spitze des Blattes hält.

Bei dem abgebildeten Arrangement (Tafel 19) wurde der Shin in gerade steigender Form gestaltet; dies wird »betender Shin« (Ogami-shin) genannt. Der Mikoshi wurde schön gebogen und harmonisch zum Shin angeordnet. Zwei Narzissenblätter wurden in der Art von »Suisen Nageha« (siehe Seite 96) als Kidome unter dem Nagashi gesteckt. Für den Kusadome und den Ushirogakoi wurden Shaga-Blätter *(Iris japonica)* verwendet, die mit der Hand abgerissen wurden, um die Eigenschaft der geliehenen Blätter zu verdeutlichen (siehe Seite 126).

Material
Shin: Narzissen *(Narcissus tazetta)*
Soe: Narzissen
Hikae: Narzissen
Mikoshi: Narzissen
Shoshin: Narzissen
Uke: Narzissen
Nagashi: Narzissen
Do: Narzissen
Soe-shita: Narzissenblütenstiel (Uraba)
Maeoki: gelbe Winterchrysanthemen *(Chrysanthemum morifolium)*
Kidome: Narzissenblätter (Nageha)
Kusadome: Blätter von Shaga *(Iris japonica)*
Ushirogakoi: Blätter von Shaga
Gefäß
Son-förmige rote Bronzevase
Untersatz
chinesisches Bambusgestell
Form des Arrangements
Sugu-shin
rechtsseitig
Förmlichkeit: Shin (Shin no Shin)

Lichtblätter

Schattenblätter

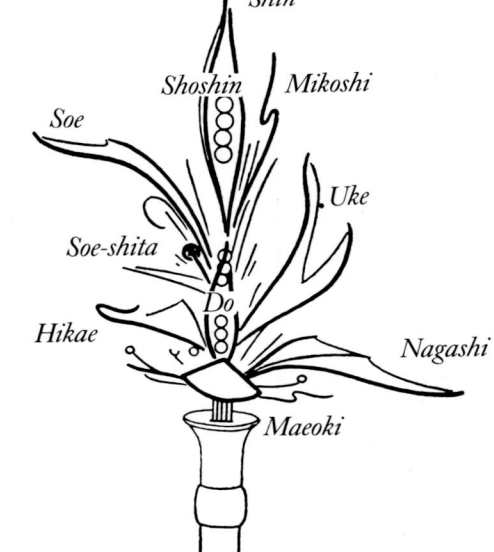

Tafel 19

Do mit Kiefer (Matsu no Do)

Die Grundidee der Variation »Do mit Kiefer« ist, durch Verwendung von Kiefer für den Rumpf des Gestecks ein hübsches Arrangement zu gestalten.

In der Regel wird Kiefer nicht nur für den Do sondern an fünf Stellen, nämlich Do, Shin, Uke, Soe-shita und Uke-shita, oder zumindest an drei Stellen (Do, Uke und Soe-shita) benutzt. Es ist aber wichtig, diese Stellen in natürlicher Weise zu verbinden; zum Beispiel kann man Kiefernzapfen, rote Kiefer, kleine Triebe oder bemooste Äste als Verbindung dazwischen stecken. Für den Shoshin wird jedoch eine andere Pflanze empfohlen.

Beim »Do mit Kiefer« ist es wichtig, einen schön gekrümmten Kiefernzweig für den Do zu wählen. Außerdem muß der Do weit nach vorn und der Shin und der Uke müssen nach hinten gerichtet werden, dadurch entsteht Tiefe im Arrangement.

Auf jeden Fall unterscheidet sich der Gesamteindruck dieser Variation von den anderen Do-Varia- tionen mit Bambus und Päonien sehr deutlich (siehe Seiten 126–128). Durch die Anwendung derselben Technik, aber statt Kiefer mit anderem Material wie Buchsbaum, Wacholder oder Zypresse, kann man auch ein eindrucksvolles Arrangement gestalten.

Bei dem abgebildeten Arrangement (Tafel 20) wurden schön gekrümmte Kiefernzweige für den Do und den Uke gewählt. Der Shin biegt von der mittleren Stufe ab. Rote, leicht blühende Pflaumenzweige wurden für den Soe, den Nagashi und den Mikoshi verwendet, um die entstandenen Zwischenräume zu füllen. Unter dem Soe wurde eine gebogene »zurückkehrende Kiefer« (Irimatsu: Seite 110) gesteckt, und Narzissenblätter sind in Nageha-Form (siehe Seite 96) als Hikae zu sehen. Gleichgewicht wurde durch den vom Maeoki bis zum Hikae hin sich ausbreitenden Buchsbaum verliehen.

Material
Shin: Schwarzkiefer *(Pinus thunbergii)*
Uke: Schwarzkiefer
Do: Schwarzkiefer
Soe-shita: Schwarzkiefer
Uke-shita: Schwarzkiefer
Mikoshi: Pflaumenzweige mit roten Blüten
Soe: Pflaumenzweige mit roten Blüten
Nagashi: Pflaumenzweige mit roten Blüten
Shoshin: Narzissen
Kusamichi: gelbe Osterglocken (negativer Umweg)
Kariha: Blätter von Shaga *(Iris japonica)*
Hikae: Narzissenblätter (Nageha)
Maeoki: Buchsbaum
Oha: Mispelblätter
Kidome: Kamelie
Kusadome: kleine Chrysanthemen
Ushirogakoi: junge Kiefer
Gefäß
Bronzevase mit Zierhenkeln von gerollten Drachen
Form des Arrangements
Noki-shin (Biegungspunkt: mittlere Stufe)
linksseitig
Förmlichkeit: Gyo

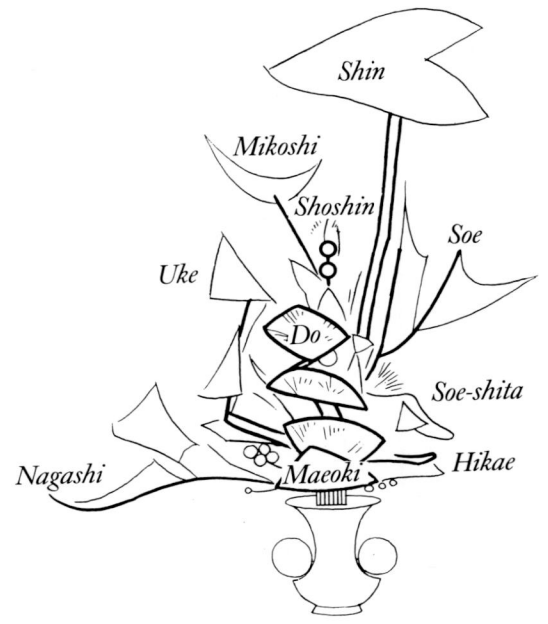

124

Tafel 20

Do mit Bambus (Take no Do)

Kräftiges und gesundes Wachstum sowie Klarheit und Heiterkeit sind charakteristische Eigenschaften des Bambus, deshalb ist er ein geeignetes Material für Feierlichkeiten. Ein Rikka-Arrangement aus Bambus, Kiefer und Pflaumen, dessen Do aus Bambus besteht, ist für festliche Anlässe besonders angemessen.

Wenn der Do mit Bambus gestaltet wird, soll er von der Mizugiwa-Wasseroberfläche bis etwa 10 cm unter dem Shoshin senkrecht emporsteigen und an der Spitze horizontal abgeschnitten werden. Die Zahl der sichtbaren Knoten muß ungerade sein und vor allem muß ein Knoten am unteren Ende etwa 3 cm über der Wasseroberfläche liegen und deutlich sichtbar gemacht werden. Deshalb müssen Maeoki, Kidome und Kusadome so gesteckt werden, daß sie den Knoten des Bambus dort nicht verdecken.

Die überlieferte Schrift empfiehlt einen eleganten, sauberen Kiefernzweig für den Shin und einen bemoosten für den Uke. Der Uke kann auch mit

Bambus gestaltet werden. In diesem Fall soll kein anderes Material zwischen dem Do und dem Uke gesteckt werden. Manchmal kann auch der Shoshin aus Bambus bestehen. Aber dann ist es äußerst schwierig, vom Uke über den Do und den Shoshin bis zum Mikoshi eine natürliche Verbindung herzustellen. Für den Maeoki ist Buchsbaum geeignet, weil seine kleinen, dichten Blätter gut mit den Bambusblättern kontrastieren.

Als geliehene Blätter (Kariha) können Shaga *(Iris japonica)* gesteckt werden, dabei werden die Spitzen dieser Blätter, die gerade in der Nähe von Bambusblätter angeordnet werden, mit der Hand abgerissen, um die hübschen, spitzen Bambusblättern zu betonen. Diese Technik wird »Mogiha« (zerrissene Blätter) oder »Mogi-Shaga« (zerrissene Shaga) genannt und wird für geliehene Blätter oft angewandt (siehe auch Seite 122).

Das abgebildete Arrangement (Tafel 21) besteht aus Bambus, Kiefer und Pflaumenzweigen. Um Frühjahrsstimmung auszudrücken, wurden Pflaumenzweige, Kamelien und Narzissen mitgesteckt. Besonders hübsch ist der Soe-Pflaumenzweig, der den gebogenen Shin begleitet. Er kontrastiert mit dem bemoosten Uke-Pflaumenzweig.

Für den Oha (Große Blätter) wurden zwei Licht- und drei Schattenblätter vom Mispelbaum gewählt. zwei davon, unter dem Soe, sind weit von den anderen entfernt; sie sehen trotzdem verbunden aus.

Eine Verfeinerung des Aussehens wurde durch Narzissenblätter unter dem Hikae in Nageha-Form (siehe Seite 96) erreicht.

Material
Shin: Schwarzkiefer *(Pinus thunbergii)*
Mikoshi: Schwarzkiefer
Nagashi: Schwarzkiefer
Do: Bambus
Soe: Pflaumenzweige mit weißen Blüten
Uke: Pflaumenzweige mit weißen Blüten
Hikae: Pflaumenzweige mit weißen Blüten
Shoshin: Narzissen
Kusamichi: Narzissen (positiver Weg)
Kariha: Blätter von Shaga *(iris japonica)*
Oha: Mispelblätter
Uchi-soe: Tanne
Uke-uchi: Tanne
Hikae-ue: Tanne
Hikae-shita: Narzissenblätter (Nageha)
Maeoki: Kamelie
Kidome: Kamelie
Kusadome: kleine Chrysanthemen
Ushirogakoi: junge Kiefer
Gefäß
Bronzevase mit Arabeskzierhenkeln
Untersatz
chinesisches Bambusgestell
Form des Arrangements
Noki-shin (Biegungspunkt: mittlere Stufe)
rechtsseitig
Förmlichkeit: Gyo

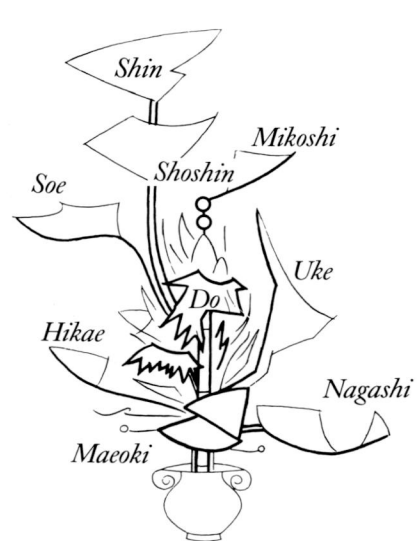

Tafel 21

Do mit Päonie (Botan no Do)

Es dauert zehn Jahre, bis eine Päonie *(Paeonia suffruticosa)*, ihre prachtvollen Blüten hervorbringt. Die Grundidee des Rikka »Do mit Päonie« ist, diese seltene Schönheit im Mittelpunkt des Arrangements bewundern zu lassen.

Nach der überlieferten Schrift ist Päonie als eine »Adelsblume« bekannt. Früher waren die Leute völlig bezaubert von dem Reichtum und der Vornehmheit dieser Blüte. Wegen solcher Kostbarkeit und Vollkommenheit werden Päonien sparsam verwendet; in der Regel werden nur eine Blüte und eine Knospe für ein Arrangement gesteckt, zusammen mit vielen Blättern. Die Knospe wird höher als die Blüte angeordnet, und statt Oha (Große Blätter) werden viele Päonienblätter benutzt.

Auch die anderen Aufbaustiele werden so gewählt, daß sie die Schönheit der Päonie betonen. Die überlieferte Schrift empfiehlt für den Shin und den Uke Kiefer oder ähnliche Kimono (Zweige). Blumen, die in Farbe und Form der Päonie ähnlich sind, werden grundsätzlich vermieden.

Bei dem abgebildeten Arrangement (Tafel 22) biegt der Shin großzügig von der mittleren Stufe ab, dadurch entsteht im oberen Teil des Arrangements (zwischen dem Shin und dem Shoshin) ein freier Raum. Um diesen zu füllen, wurde der Mikoshi hier in Form eines Ouchi-mikoshi (siehe Seite 94) gestaltet.

Wenn zwei Hauptpunkte (zwei überlieferte Lehren), z.B. hier »Do mit Päonie« und »Mikoshi mit Ouchi-mikoshi« in einem Arrangement zusammen angewendet werden, nennt man dies »Dengasane« (Doppel-Überlieferung), und ein solches Arrangement war früher recht unbeliebt. Aber in diesem Fall fügt sich der schwingende Spierstrauch sehr natürlich und harmonisch in die Komposition ein, und die großzügige Verteilung von Aufbaustielen hat der Schönheit der Päonie zur vollen Entfaltung verholfen.

In der Tat wird gerade diese Kombination »Do mit Päonie« und »Ouchi-mikoshi mit Spierstrauch« heute als besonders ansprechend angesehen.

Material
Shin: Schwarzkiefer *(Pinus thunbergii)*
Uke: Schwarzkiefer
Hikae: Schwarzkiefer
Soe: Heidelbeerzweige (Natsuhaze)
Nagashi: Heidelbeerzweige
Ouchi-mikoshi: Spierstrauch *(Spiraea cantoniensis)*
Do: Päonie *(Paeonia suffruticosa)*
Uchi-soe: Eibe
Soe-shita: Eibe
Honza-mikoshi: Eibe
Shoshin: junge Kiefer und Japanische Iris *(Iris laevigata)*
Maeoki: Buchsbaum
Kariha: Blätter von Shaga *(Iris japonica)*
Kidome: Straußfarn
Kusadome: Frühlingschrysanthemen *(Chrysanthemum coronarium)*
Ushirogakoi: junge Kiefer
Gefäß
traditionelle Bronzevase »Horaizan« (Berg des Elysiums)
Untersatz
Holzbrett
Form des Arrangements
Noki-shin (Biegungspunkt: mittlere Stufe) mit Ouchi-mikoshi rechtsseitig
Förmlichkeit: Gyo (Gyo no Gyo)

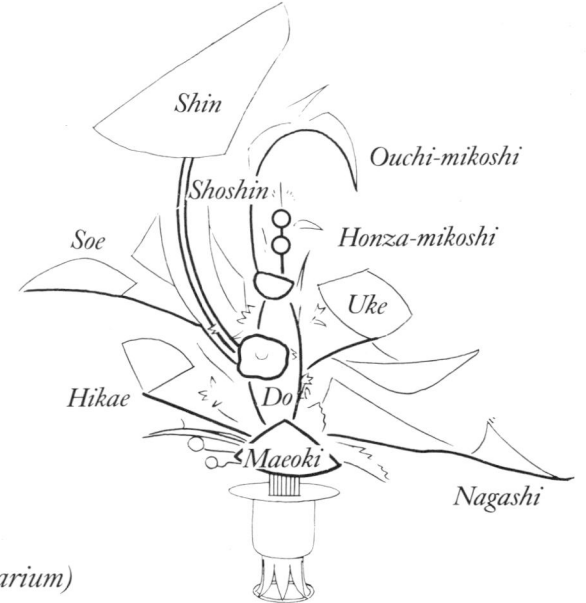

Tafel 22

Maeoki mit Kiefer (Matsu no Maeoki)

Die Kiefer ist im hohen Gebirge ebenso heimisch wie im Flachland, deshalb wird sie im Rikka auch im oberen, mittleren und unteren Teil des Arrangements angeordnet. Die Grundidee dieser Komposition »Maeoki mit Kiefer« ist, die Schönheit der Kiefer gerade im unteren Teil des Arrangements zu bewundern.

Um die Kiefer an der Maeoki-Stelle zu betonen, empfiehlt die überlieferte Schrift, auch für den Nagashi und den Shin Kiefer zu verwenden. Wird der Kidome jedoch an seiner normalen Stelle (d.h. vor dem Nagashi) gesteckt, so wird die Kiefernlinie im unteren Teil des Arrangements unterbrochen, deshalb wird der Kidome in diesem Fall hinter den Nagashi versetzt. Dadurch wird die Verbindung von Kimono (Ki no En) zum hinteren Teil des Arrangements ohne Unterbrechung hergestellt. Für

den Hikae dagegen ist die Verwendung von Kusamono (Blumen) maßgebend, um dem unteren Teil des Arrangements, der sonst nur aus Kimono (Zweige) besteht, Abwechslung zu geben.

Um einen natürlichen Mizugiwa-Fußpunkt aus Kiefer zu gestalten, werden alle Fußverlängerungen auch aus Kiefer gebildet.

Im abgebildeten Arrangement (Tafel 23) wurden der Maeoki und der Nagashi mit Kiefer, der Shin dagegen mit Wacholder zusammen mit einem verwitterten Ast gestaltet. Wacholder wurde auch für den Uke verwendet, während Kiefer auch für den Soe und den Mikoshi gesteckt wurde. Außerdem wurden Kiefernzapfen unter dem Uke angeordnet. Insgesamt wurden fünf Stellen mit Kiefer besetzt. Um Abwechslung zu verleihen, wurde der Hikae mit einer großen Chrysantheme gestaltet.

Material
Shin: Wacholder
Do: Wacholder
Uke: Wacholder
Mikoshi: Schwarzkiefer *(Pinus thunbergii)*
Soe: Schwarzkiefer
Maeoki: Schwarzkiefer
Nagashi: Schwarzkiefer
Uke-shita: Schwarzkiefer
Shoshin: Chrysanthemen
Kusamichi: Chrysanthemen (positiver Weg)
Hikae: Chrysanthemen
Uchi-soe: Akame-Weide *(Salix chaenomeloides)*
Uke-uchi: Akame-Weide
Hikae-ue: Akame-Weide
Oha: Eichenblätter
Kidome: Kamelie
Kusadome: kleine Chrysanthemen
Ushirogakoi: junge Kiefer
Gefäß
alte eckige Bronzevase mit Löwenzierhenkeln
Form des Arrangements
Noki-shin (Biegungspunkt: mittlere Stufe)
rechtsseitig
Förmlichkeit: Gyo

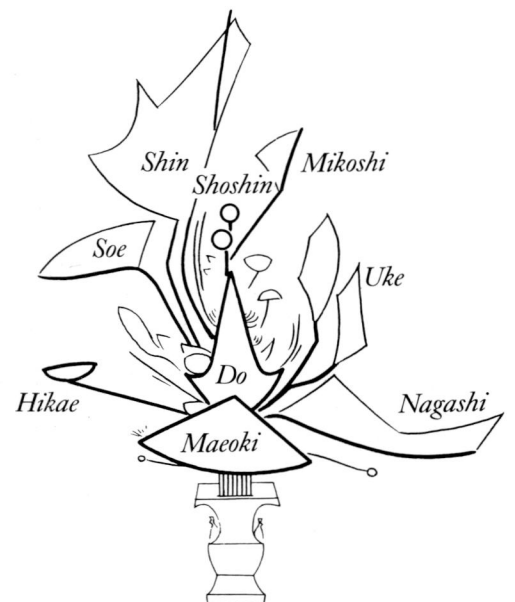

Maeoki mit Rohdea (Omoto no Maeoki)

Die hübsche Rohdea *(Rohdea japonica)* mit ihren glänzend roten Beeren und herrlich breiten Blättern wird im Winter besonders hoch geschätzt, wenn wenig Blumen erhältlich sind. Auch wegen ihrer starken Fortpflanzungsfähigkeit wird Rohdea gern anläßlich des Umzugs und der Vererbung geschenkt.

Es gibt mehrere Gestaltungsregeln für Rohdea. Der Maeoki aus Rohdea kann rechtsseitig oder linksseitig gestaltet werden. Wird der Shin des Arrangements rechtsseitig gestaltet, so wird der Maeoki (d.h. die Rohdea-Komposition) linksseitig gebildet; wird der Shin dagegen linksseitig arrangiert, so zeigt der Rohdea-Maeoki eine rechtsseitige Komposition.

Die Rohdea in der Natur bekommt jedes Jahr vier neue Blätter und in jedem vierten Jahr ihre Früchte; dies wird in der Rohdea-Komposition wiedergegeben. Tachiba (stehendes Blatt) und Tsuyuukeba (tauaufnehmendes Blatt) werden mit neuen Blättern, Nagashiba (fließendes Blatt) und Maeba (Vorderblatt) mit alten Blättern vom vorigen Jahr gestaltet. Die Früchte wachsen zwischen den alten und den neuen Blättern, so werden sie auch bei dem Arrangement plaziert.

Nach der Überlieferung muß der Do des Arrangements etwas höher als gewöhnlich gestaltet werden, weil das stehende Rohdeablatt (Tachiba) des Maeoki vor den Do gesetzt wird. Ein Tachiba zeigt seine Unterseite nach vorn, und davor wird ein Büschel von roten Beeren angeordnet. Das Vorderblatt (Maeba) richtet sich weit nach vorn und soll breit und nicht sehr spitz sein.

Da die Rohdea ein Mimono (Beerenpflanze) und zugleich ein Hamono (Blätterpflanze) ist, sollen keine anderen Beeren und keine anderen Blätterpflanzen mitgesteckt werden; so werden auch keine Oha (Große Blätter) für diese Variation verwendet. Auch andere »In-Pflanzen« (im Winter erhältliche Pflanzen) wie Narzissen werden nur zurückhaltend verwendet, um Rivalität zu vermeiden, weil Rohdea eine typische In-Pflanze ist.

In dem abgebildeten Arrangement (Tafel 24) ist der Shin linksseitig, deshalb wurde die Rohdea rechtsseitig arrangiert, d.h. das fließende Blatt (Nagashiba) der Rohdea breitet sich in die entgegengesetzte Richtung vom Nagashi des Arrangements aus weißen Pflaumen aus. Der Shoshin und der Kusamichi bestehen aus Chrysanthemen, der typischen Yo-Pflanze.

Das Gefäß ist ein Blumentopf aus Porzellan, dessen vier Seiten die vier Jahreszeiten darstellen. Da der untere Teil des Arrangements mit Rohdea ziemlich breit gestaltet ist, wurde das Gefäß über Eck gestellt, dadurch sieht das quadratische Gefäß und damit das ganze Arrangement schmaler aus.

Material
Shin: Kiefer
Uke: Kiefer
Hikae: Kiefer
Soe: Pflaumenzweige mit weißen Blüten
Nagashi: Pflaumenzweige mit weißen Blüten
Shoshin: Pflaumenzweige mit weißen Blüten
Kusamichi: gelbe Chrysanthemen (positiver Weg)
Mikoshi: Zypresse
Do: Wacholder
Maeoki: Omoto *(Rohdea japonica)*
Uke-shita: Eibe und Weidenkätzchen
Soe-shita: Weidenkätzchen
Kidome: weiße Kamelie
Kusadome: kleine Chrysanthemen
Ushirogakoi: junge Kiefer
Gefäß
eckiger blauweißer Porzellantopf
Form des Arrangements
Noki-shin (Biegungspunkt: normale Stufe)
linksseitig
Förmlichkeit: Gyo (Gyo no Shin)

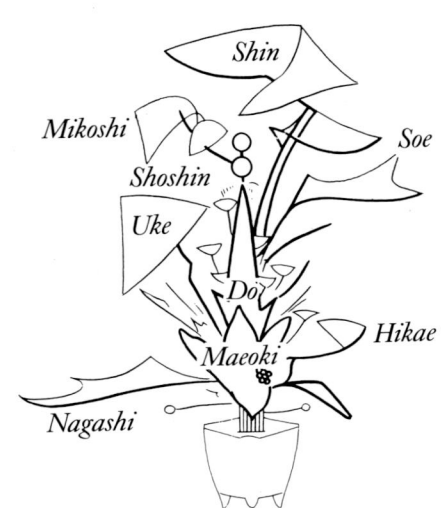

Tafel 24

Maeoki mit Farn (Shida no Maeoki)

Diese Variation verwendet Farn *(Gleichenia linearis)* für den Maeoki, den untersten Teil des Arrangements; er vermittelt damit das tiefe Tal in einem grandiosen Gebirge. Es ist eine wunderbare Entdeckung, mit solch unauffälligem Material wie Farn eine landschaftliche Stimmung zu erwecken, aber es ist auch technisch schwierig.

Die Zahl der Farne soll nach der Überlieferung ungerade sein, und zwar Sieben, Neun oder Elf. Dabei müssen Licht- und Schattenblätter beachtet werden. Der Farn, dessen Spitze auf der Oberseite nach rechts biegt, ist ein Lichtblatt, und der Farn, dessen Spitze nach links biegt, ein Schattenblatt. Für die Gestaltung des Maeoki wird ein Lichtblatt auf der linken Seite des Arrangements, ein Schattenblatt auf der rechten, und ein neutrales Blatt (ein ziemlich gerade gewachsenes Blatt) in der Mitte angeordnet.

Farn ist eigentlich ein »Tsuyomono« (zwischen Kimono und Kusamono), und bei dieser Variation wird er als »Kimono« (Zweig) verwendet. Die Verbindung zu anderen Kimono soll deshalb durch einen typischen Kimono, z.B. Buchsbaum, deutlich gemacht werden, und andere Tsuyomono wie Bambusgräser *(Sasa veitchii)* sollen vermieden werden.

Der Shin wird am besten mit Kiefer gestaltet, um das tiefgrüne Gebirge anzudeuten. Nach der überlieferten Schrift soll der Do etwas niedriger als sonst gestaltet werden, weil der Maeoki aus Farn keine Höhe bilden kann. Die geeigneten Pflanzen für den Do sind Wacholder, Zypresse, Kiefer oder Azalee.

Für das abgebildete Arrangement (Tafel 25) wurde der Shin mit einem Trockenast gestaltet, der mit Kieferntrieben künstlich verziert wurde (Mikizukuri: Seite 58). Selbstverständlich kann man dafür auch natürliche Pflanzen verwenden (Ubudate: Seite 70). Der Mikoshi mit Glyzine mit ihren Schoten gibt dem oberen Teil des Arrangements Abwechslung.

Für das Gefäß wurde eine schlichte Bronzevase gewählt, die gut zu den unauffälligen Farnen am unteren Teil paßt.

Material
Shin: Kashima-Kiefer (Varietät aus Chiba)
Uke: Kashima-Kiefer
Hikae: Kashima-Kiefer
Soe: Zypresse
Nagashi: Zypresse
Mikoshi: Glyzine mit Schoten
Shoshin: Chrysanthemen
Kusamichi: Chrysanthemen (positiver Weg)
Uchi-soe: Tanne
Oha-shita: Tanne
Uke-uchi: Tanne
Oha: Mispelblätter
Do: Wacholder
Do-uchi: Buchsbaum
Maeoki: Farn *(Gleichenia linearis)*
Kidome: Kamelie
Kusadome: Straußfarn
Ushirogakoi: junge Kiefer
Gefäß
Bronzevase
Form des Arrangements
Noki-shin (Biegungspunkt: mittlere Stufe)
rechtsseitig
Förmlichkeit: Gyo

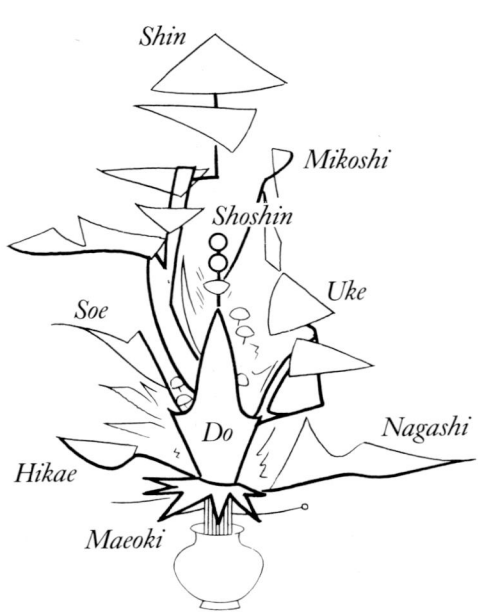

Uke-Nagashi-Verbindung (Uke-nagashi-eda)

Die Variation »Uke-nagashi-eda« ist eine Form, in welcher der Uke und der Nagashi mit dem gleichen Material gestaltet werden. Normalerweise werden verschiedene Pflanzen für den Uke und den Nagashi gewählt, deshalb ist diese Variation etwas ganz Besonderes.

Besteht der Uke aus Kiefer, soll der Nagashi auch Kiefer, aber mit verschiedener Nadelbildung und -tönung haben, sonst wirkt das Arrangement langweilig, weil die beiden Aufbaustiele auf der gleichen Seite sind. Allerdings muß eine Verbindung zwischen den beiden, z.B. durch Kiefernzapfen, dünne Zweige oder mit Flechten bedeckte Zweige, hergestellt werden. Zwischen dem Uke und dem Nagashi darf nicht zu viel freier Raum sein.

Kiefer als Uke und Nagashi ist die Grundlage für ein herrliches Arrangement, aber hier spielt auch der Shin eine wichtige Rolle; der Shin muß zusammen mit dem Soe als Gegengewicht zu dem Uke und dem Nagashi sehr kräftig gestaltet werden. Für den Hikae soll entweder Kusamono (Blumen) oder ein leichtes Kimono (Zweige) verwendet werden. Für den Uke und den Nagashi sind Zypresse und Wacholder genauso geeignet wie Kiefer.

In dem abgebildeten Arrangement (Tafel 26) wurde ein dünner Zweig zwischen dem Uke und dem Nagashi gesteckt, um die beiden zu verbinden. Die Uke-Kiefer unterscheidet sich von der Nagashi-Kiefer durch die Dichte und die Schattierung der Nadeln. Der Shin wurde ebenfalls mit Kiefer gestaltet. Wichtig ist dabei, daß ein elegant gebogener Kiefernzweig mit grünen Nadeln an der Spitze für den Shin gewählt wird, und daß sich keine Triebe an den gebogenen Stellen des Zweiges befinden, damit der Shin eine klare Linie zeigt. In der Natur wachsen Triebe auch an der gebogenen Stelle des Kiefernzweiges, aber in einem Rikka-Arrangement, in dem die Natur im Kleinformat nachempfunden wird, sollen kleine und getrocknete Triebe von der Kurve entfernt werden, sonst macht der Zweig einen unordentlichen Eindruck. Als Hikae wurde Iris verwendet; sie gibt einen schönen, frischen Kontrast zu den restlichen Aufbaupflanzen.

Material
Shin: Schwarzkiefer *(Pinus thunbergii)*
Uke: Schwarzkiefer
Soe: Schwarzkiefer
Nagashi: Schwarzkiefer
Oha-shita: Schwarzkiefer
Mikoshi: Spierstrauch *(Spiraea cantoniensis)*
Shoshin: Japanische Iris *(Iris laevigata)*
Kusamichi: Japanische Iris (positiver Weg)
Hikae: Japanische Iris
Mikoshi-shita: Zypresse
Hikae-ue: Zypresse
Uchi-soe: Eibe
Uke-uchi: Eibe
Oha: Mispelblätter
Do: Wacholder
Irogiri: Spindelstrauch *(Euonymus japonica)*
Maeoki: Buchsbaum
Kariha: Blätter von Shaga *(Iris japonica)*
Kidome: Kamelie
Kusadome: kleine Chrysanthemen
Ushirogakoi: junge Kiefer
Gefäß
Bronzevase mit Löwenzierhenkeln
Untersatz
Holzbrett
Form des Arrangements
Noki-shin (Biegungspunkt: mittlere Stufe)
rechtsseitig
Förmlichkeit: Gyo

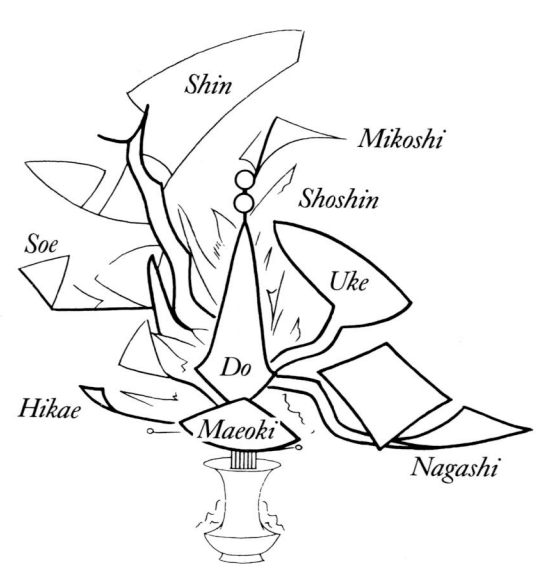

Tafel 26

Mittelstufiger Nagashi (Chudan-nagashi-eda)

»Mittelstufiger Nagashi« ist eine Variation, in welcher der Nagashi dadurch betont wird, daß er von einer höheren Stufe als üblich verzweigt.

Normalerweise verzweigt der Nagashi von der unteren Stufe des Arrangements, aber in dieser Variation läßt man den Nagashi von der mittleren Stufe, einer Stufe höher, verzweigen; dadurch ergibt sich eine ganz andere Gestaltung. Der erhöhte Nagashi selbst wird auch »mittelstufiger Nagashi« genannt.

Die überlieferte Schrift empfiehlt Kiefer für den Shin und den Nagashi. Der Nagashi soll kräftig, dynamisch und außerdem länger als gewöhnlich gestaltet werden. Der Uke, dessen Verzweigungspunkt nun sehr nahe zum Nagashi liegt, wird jedoch sehr dünn und kurz gestaltet; der Nagashi zieht die Kraft des Uke in sich hinein.

Bei dem abgebildeten Arrangement (Tafel 27)
wurde der Nagashi-Zweig mit der Mikizukuri-Technik (künstlicher Aufbau, Seite 58) gebaut. Der Shin und der Mikoshi verwenden dagegen natürliche Kiefernzweige (Ubudate).

Der Nagashi steigt zunächst mit dynamischer Kraft etwa 45 Grad nach rechts hinten empor, damit er die Funktion des Uke teilweise miterfüllt. Die Spitze des Nagashi kehrt wieder nach vorn zurück.

Um den dreieckigen freien Raum zwischen der Spitze des Shin und dem weit auseinander liegenden Ende des Nagashi gut zur Geltung zu bringen, wurde der Mikoshi besonders sorgfältig gestaltet. Der hoch in der Luft schwebende Shin ist sehr reizvoll.

Die Winterblüten, die unauffällig für den Soe, den Hikae und den Uke verwendet werden, betonen insgesamt den mittelstufigen Nagashi.

Material
Shin: Goyo-Kiefer *(Pinus parviflora)*
Mikoshi: Goyo-Kiefer
Nagashi: Goyo-Kiefer
Soe: Winterblüte *(Chimonanthus praecox)*
Uke: Winterblüte
Hikae: Winterblüte
Honza-nagashi: Eibe
Soe-shita: Eibe
Uchi-soe: Eibe
Shoshin: gelbe Chrysanthemen
Kusamichi: gelbe Chrysanthemen (positiver Weg)
Oha: Mispelblätter
Do: Wacholder
Maeoki: Buchsbaum
Irogiri: gefleckte Hortensienblätter
Kidome: Kamelie
Kusadome: kleine Chrysanthemen
Ushirogakoi: junge Kiefer
Gefäß
silberfarbige Porzellanvase
Form des Arrangements
Noki-shin (Biegungspunkt: mittlere Stufe)
rechtsseitig
Förmlichkeit: Gyo

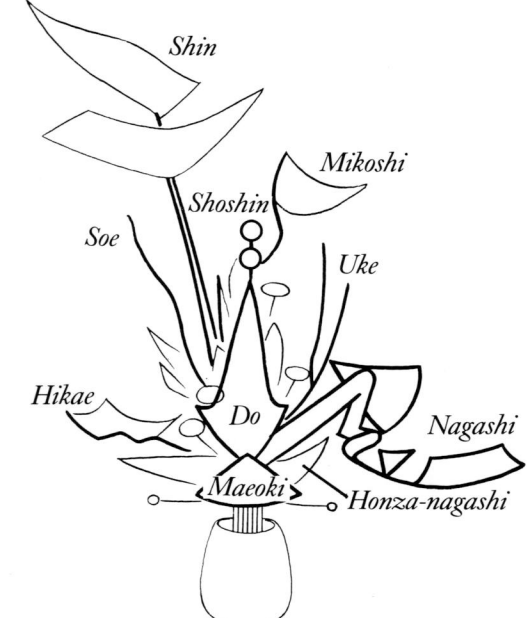

Tafel 27

Linksseitiger Nagashi (Hidari-nagashi-eda)

Der linksseitige Nagashi ist eine Form, deren Nagashi dadurch betont wird, daß er auf der dem normalen Nagashi gegenüberliegenden Seite, an Stelle des Hikae angeordnet wird. Dieser Nagashi und damit diese Variation, ist deshalb auch als »Hikae-nagashi« bekannt.

Die überlieferte Schrift schreibt: »Stecke den Nagashi an die Hikae-Position unter dem Soe. Keinen Hikae verwenden. Der Soe soll schwach, der Uke dagegen sehr kräftig sein. Halte das Gleichgewicht.«

Weil der Nagashi auf die Lichtseite des Arrangements versetzt wird, muß ein Gegengewicht auf der Schattenseite geschaffen werden. Deshalb soll der Uke kräftiges, und der Soe leichtes und schwaches Material verwenden. Es wird kein Hikae gesteckt. Der Shin muß relativ dünn gestaltet werden, und von der mittleren oder der oberen Stufe abbiegen. Ist er zu schwach, kann der Mikoshi zur Verstärkung des oberen Teils des Arrangements beitragen. Ist der Shin zu hoch, wird der unterste Trieb (Ichi no Eda) zusätzlich befestigt. Die normale Position des Nagashi soll nicht leerstehen, sondern mit einem leichten Material als Pseudo-Nagashi (Honza-Nagashi) besetzt werden. Dafür empfiehlt die überlieferte Schrift glänzende Blätter (z.B. Buchsbaum) oder Blätter von Shaga *(Iris japonica)*.

Bei dem abgebildeten Arrangement (Tafel 28) ersetzt die Kurve des Shin-Zweiges den untersten Trieb (Ichi no Eda), dadurch wirkt der Shin kräftig genug, um in der dynamischen Komposition das Gleichgewicht zwischen dem oberen, dem mittleren und dem unteren Teil des Arrangements zu halten. Der Soe wurde mit Stechpalmen *(Ilex serrata)* dünn und schwach gestaltet, während der Uke mit einem kräftigen Kiefernzweig gebildet wurde. Für den Pseudo-Nagashi (Honza-nagashi) wurde Eibe gewählt, die gleichzeitig die Verbindung zu dem Maeoki aus Buchsbaum herstellt. Der Irogiri (Farbentrennung) aus Spindelstrauch wurde zwischen dem Maeoki und dem Do und auch unter dem Uke verwendet.

Der linksseitige Nagashi ergibt viele Variationsmöglichkeiten und verleiht dem Arrangement insgesamt Bewegung.

Material
Shin: moosbedeckte Kiefer
Uke: moosbedeckte Kiefer
Hikae-nagashi: moosbedeckte Kiefer
Mikoshi: Stechpalme *(Ilex serrata)*
Soe: Stechpalme
Honza-nagashi: Eibe
Soe-shita: Eibe
Uchi-soe: Eibe
Shoshin: Chrysanthemen
Kusamichi: Chrysanthemen (negativer Umweg)
Do: Wacholder
Maeoki: Buchsbaum
Irogiri: Spindelstrauch *(Euonymus japonica)*
Kidome: Kamelie
Kusadome: kleine Chrysanthemen
Ushirogakoi: junge Kiefer
Gefäß
Bronzevase mit Zierhenkeln von gerollten Drachen
Form des Arrangements
Noki-shin (Biegungspunkt: normale Stufe)
rechtsseitig
Förmlichkeit: Gyo

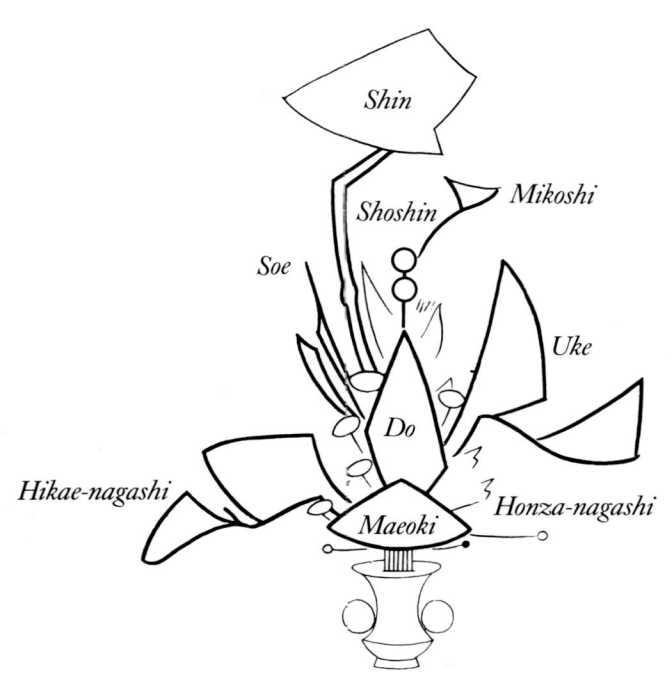

Tafel 28

Doppel-Shin (Futatsu-shin)

»Doppel-Shin« ist ein Rikka-Arrangement mit zwei geraden Shin (Sugu-shin); die beiden Shin sollen so nebeneinander stehen, als ob ein einziger Shin mit der Axt gespalten wäre; deshalb nennt man diese Form auch »Wari-shin« (gespaltener Shin). Nach der Überlieferung wurde diese Form gewöhnlich von zwei Personen arrangiert: einer war für den linken Teil, der andere für den rechten zuständig; dadurch soll Freundschaft vertieft werden. Die Sitte ist, daß der Ältere seinen Teil zuerst fertigstellt und dann einen seiner Zweige dem Jüngeren abgibt; damit schließt der Jüngere auch seinen Teil ab.

Normalerweise ist es beim Ikebana verpönt, zwei Aufbaupflanzen gleich hoch anzuordnen, weil sie Rivalität (Takekurabe) andeuten, aber der Doppel-Shin ist eine klassische Ausnahme.

Bei dieser Variation werden teilweise gleiche Pflanzenarten auf beiden Seiten verwendet, um Harmonie zu geben, aber auch teilweise verschiedene, um Individualität zu zeigen. Hier liegen Reiz und Schwierigkeit dieser Form.

Die überlieferte Schrift empfiehlt dreistufige junge Kiefer (Midorimatsu) oder Kiefernschirm (Kasamatsu) für den einen Shin (siehe Seite 18). Der Bambus-shin dagegen läßt seine Blätter hängen. Der Zwischenraum soll, obwohl es nicht leicht ist, möglichst eng (zwischen 1 cm und 3 cm) sein. Bei der Gestaltung kann man eine Hilfsplatte dazwischen stecken, um einen geraden Spalt zu formen, dabei sollen vor allem die beiden Shin sehr stabil und senkrecht gesteckt werden, sonst können die anderen Pflanzen auch nicht ordentlich angeordnet werden. Obwohl die Shin auf der rechten und der linken Seite verschieden sind, sollen die beiden Seiten eine enge Verbindung zeigen.

Anstelle des Hikae wird ein Hikae-nagashi (siehe Seite 140) gesteckt, damit der untere Teil praktisch zwei Nagashi erhält.

Das abgebildete Arrangement (Tafel 29) besteht aus Kiefer, Bambus und Pflaumen als Hauptaufbaupflanzen. Narzissen wurden für den Shoshin und den Kusamichi auf der Bambusseite und Chrysanthemen für den Shoshin und den Kusamichi auf der Kiefernseite verwendet. Der normale Nagashi auf der linken Seite, (weil das Arrangement linksseitig ist) wurde mit Kiefer gebildet und der Hikae-nagashi auf der rechten Seite mit Pflaumenzweig.

Das Doppel-Shin-Arrangement mit steifer Kiefer und hängendem Bambus ist eine großartige Überlieferung. Diese Form soll der Ursprung des zweiteiligen Sunanomono sein.

Material
(die erste Pflanze wird zu der Uke-Seite, die zweite jeweils für die Soe-Seite verwendet)
Shin: Bambus; Kiefer
Soe: – ; Pflaumenzweig
Uke: Pflaumenzweig; –
Nagashi: Kiefer; –
Hikae-nagashi: – ; Pflaumenzweig
Mikoshi: Weide; –
Soe-shita: – ; Eibe
Uke-shita: Eibe; –
Shoshin: Narzissen; Chrysanthemen
Kusamichi: Narzissen (positiver Umweg); Chrysanthemen (negativer Umweg)
Oha: Shaga-Blätter; Mispelblätter
Do: Wacholder; Buchsbaum
Maeoki: Kamelie; Buchsbaum
Irogiri: – ; Spindelstrauch
Kidome: Kamelie; –
Kusadome: Ringelblumen; kleine Chrysanthemen
Ushirogakoi: junge Kiefer; junge Kiefer
Gefäß
Bronzevase mit Zierhenkeln von gerollten Drachen
Untersatz
chinesisches Bambusgestell
Form des Arrangements
Sugu-shin (Doppel-Shin)
linksseitig
Förmlichkeit: Shin (Shin no So)

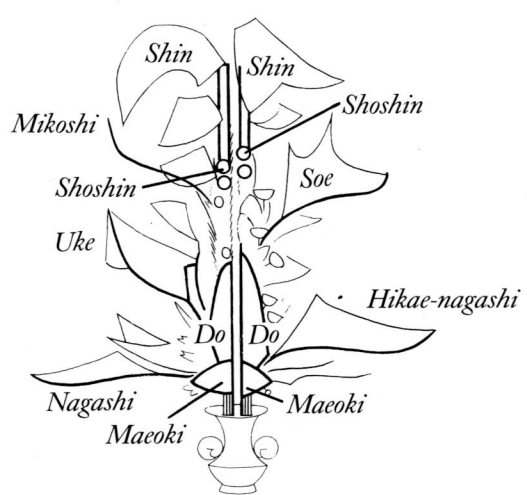

142

Tafel 29

Verbundener Shin (Ai-jin)

»Verbundener Shin« ist eine Variation mit geradem Shin (Sugu-shin), der aus zwei Kiefernzweigen besteht. Diese Form wird auch Ai-shin, Awase-jin oder Awase-shin genannt. Der Autor, Fujiwara Yuchiku, bevorzugt das Wort Ai-jin (bzw. Ai-shin), weil es die natürliche Verbundenheit ausdrückt, im Gegensatz zu Awase-jin (bwz. Awase-shin), das ein erzwungenes Beisammensein andeutet.

Der Shin-Zweig besteht aus zwei jungen Kiefernzweigen, die so dicht zusammen gebunden sind, daß sie wie ein einziger, etwa symmetrisch gewachsener Shin aussehen. Diese Form wurde besonders für die Vermählung entwickelt, weil die harmonische Vereinigung zweier junger Leute hier vortrefflich versinnbildlicht wird. Der Geist des Ai-jin ist auch mit dem des Aioi-jin (siehe Seite 160) verwandt; Aioi-jin wird ebenfalls gern für Hochzeiten gesteckt.

Nach der Überlieferung sollen die beiden Kiefernzweige, die zusammen den Shin bilden, mit dreistufigen Kieferntrieben verziert werden. Allerdings sollen die Triebe auf der Lichtseite etwas länger als die auf der Schattenseite sein. Der Shoshin wird etwas niedriger als gewöhnlich gestaltet. Der Abstand zwischen dem Shoshin und dem untersten Trieb (Ichi no Eda) des Shin soll etwa 6 cm betragen. Getrocknete, gebrochene oder gefleckte Nadeln oder Blätter werden beseitigt, weil das Arrangement für festliche Anlässe bestimmt ist.

In dem abgebildeten Arrangement (Tafel 30) wurden schwarze Kiefer und weiße Pflaumenzweige hauptsächlich für die Aufbaustiele verwendet. Der Mikoshi ist allerdings mit der weichen Linie der Trauerweide gestaltet. Der verbundene Shin steigt senkrecht aus der Bronzevase mit Arabeskrelief feierlich empor.

Material
Shin: junge Kiefer
Ushirogakoi: junge Kiefer
Uke: Schwarzkiefer *(Pinus thunbergii)*
Hikae: Schwarzkiefer
Soe: Pflaumen mit weißen Blüten
Nagashi: Pflaumen mit weißen Blüten
Mikoshi: Trauerweide
Shoshin: Narzissen
Kusamichi: Narzissen und Osterglocken (positiver Weg)
Kariha: Blätter von Shaga *(Iris japonica)*
Oha: Mispelblätter
Oha-shita: Eibe
Uke-uchi: Eibe
Do: Japanische Zypresse *(Chamaecyparis obtusa)*
Maeoki: Kamelie
Kidome: Kamelie
Kusadome: kleine Chrysanthemen
Gefäß
Bronzevase mit drachenförmigen Zierhenkeln und Arabeskrelief
Untersatz
chinesisches Bambusgestell
Form des Arrangements
Sugu-shin
linksseitig
Förmlichkeit: Shin

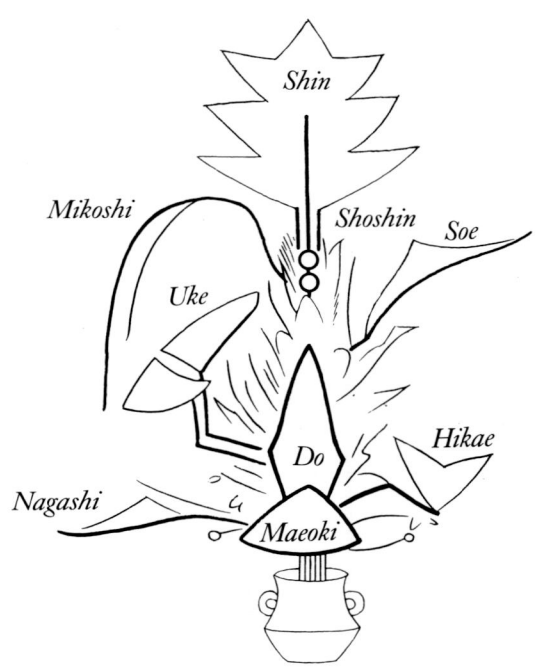

Tafel 30

Azaleenlandschaft (Dan no Tsutsuji)

»Dan no Tsutsuji« ist eine Form, welche die schöne Azaleenlandschaft von Dan* in Kyoto darstellt. Obwohl es hinsichtlich der Technik ein »Einzelgesteck aus Azalee« ist, wurde es nicht zusammen mit »Nana Isshiki« (Sieben Einzelgestecke), sondern als Sonderform überliefert.

Die überlieferte Schrift empfiehlt Azalee vor allem für den Do, der höher als sonst gestaltet wird und verschiedene Farben, Rot, Weiß, Gelb und Lila, enthält. Durch den hohen und bunten Do wird eine dichte Azaleenmasse betont. Der Shin wird oft mit einem anderen Zweig gestaltet, weil Azaleen zu den Pflanzen gehören, die grundsätzlich nur für den unteren Teil des Arrangements verwendet werden sollen. Wenn anderes Material mitgesteckt wird, soll es sich der Azalee unterordnen, zum Beispiel Kiefer für den Shin und Buchsbaum für den Maeoki.

---

* Eine andere Bedeutung von »Dan« ist »höchst persönlicher Schatz«. Hier deutet sich die Geheimlehre des wertvollen Arrangements an.

Heiterkeit ist das Thema dieses Arrangements, aber wenn viele Zweige verwendet werden, neigen sie zur Unordnung. Es ist deshalb wichtig, daß alle Aufbaustiele eine klare und saubere Erscheinung haben. Bei dem abgebildeten Arrangement (Tafel 31) steigt der Shin aus dem Do im vollen Schwung zusammen mit ein paar harten Ästen empor. Weil der Do ziemlich hoch und der Shin relativ niedrig gestaltet wurde, gibt das Arrangement einen rundlichen Eindruck, was der typischen Dichte der Azalee entspricht.

Die Bergazalee *(Rhododendron kaempferi)* fließt vom Shin über den Uke bis zum Do, und die Azaleen, die ihre Blätter schon bekommen haben, begleiten diese Aufbaustiele wirkungsvoll. Für den Maeoki wurde Kurume-Azalee *(Rhododendron obtusum)* mit ihren dichten Blättern und Knospen verwendet. Als immergrünes Material wurde Kiefer für den Mikoshi und den Hikae gesteckt.

Es ist sehr wichtig, die Azaleen reichlich mit Wasser zu versorgen, weil sie sonst schnell verwelken.

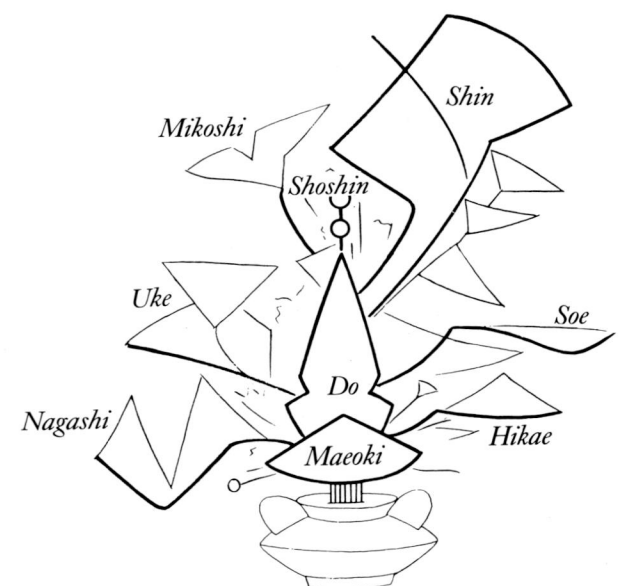

Material
Shin: Bergazalee *(Rhododendron kaempferi)*
Uke: Bergazalee
Do: Bergazalee
Soe: rote Azalee *(Rhododendron indicum)*
Nagashi: rote Azalee
Maeoki: Kurume-Azalee *(Rhododenron obtusum)*
Mikoshi: Rotkiefer *(Pinus densiflora)*
Hikae: Rotkiefer
Shoshin: lila Hanashobu *(Iris ensata)*
Kusamichi: weiße Hanashobu (negativer Umweg)
Kidome: Straußfarn
Kusadome: kleine Chrysanthemen
Ushirogakoi: junge Kiefer

Gefäß
keramisches Gefäß des Jomon-Stils; hergestellt von Sugawara Mannosuke (Jomon-Stil ist ein vorgeschichtlicher Stil der Keramik, dessen Merkmal das Seilenrelief ist).

Form des Arrangements
Noki-shin (Biegungspunkt: mittlere Stufe)
linksseitig
Förmlichkeit: Gyo (Gyo no So)

Tafel 31

DREI LEKTIONEN FÜR FORTGESCHRITTENE

Übersicht

Drei Lektionen für Fortgeschrittene (Okuden Sankajo) enthält hoch entwickelte Lehren, die durch mehrere Generationen überliefert worden sind. Sie sind:

- überquerender Shin (Tanikoshi-shin oder Tanikoshi-jin) und überbrückender Shin (Taniwatari-shin oder Taniwatari-jin)
- Dreistufige Mispel (Sandan Biwa)
- Gebündeltes Rikka (Dozuka)

In diesem Buch werden der überquerende und der überbrückende Shin getrennt behandelt, da es sich um deutlich verschiedene Techniken handelt. Während die »neunzehn Lektionen« hauptsächlich traditionelle Regeln und Techniken vermittelt haben, fordern diese drei Lektionen außerdem von den Schülern Kreativität.

»Tanikoshi-shin« und »Taniwatari-shin« sind Landschaftsdarstellungen, die von Senko II, dem 35. Leiter der Ikenobo-Schule, entwickelt wurden. Als er eine Reise nach Kyushu (Südinsel) machte, war er tief beeindruckt von der herrlichen Bergschlucht des Yabakei und versuchte, diese eindrucksvolle Natur im Rikka-Arrangement wiederzugeben. So entstanden die beiden Variationen,

deren Shin besonders kräftig zum Ausdruck gebracht wird.

»Sandan Biwa« (dreistufige Mispel) zeigt die höchste Technik der Anwendung von Oha (Große Blätter). Anstelle des Do werden die Mispel-Blätter in drei Stufen angeordnet, deshalb wird diese Form »dreistufige Mispel« genannt. Mit flachen Blättern Volumen zu erreichen, ist sehr schwierig. »Dozuka« (gebündeltes Rikka) wurde für das im Zickzack gebaute Regal (Chigaidana) entwickelt, das wesentlich kleiner als eine Tokonoma-Ehrennische ist. Die Aufbaustiele sehen im Do gebündelt aus, deshalb nennt man diese Form »Do-zuka« (Do-Bündel). Während die Höhe eines normalen Rikka-Arrangements länger als die Breite, und die Breite eines Sunanomono (siehe Seite 78) länger als die Höhe ist, sind die Höhe und die Breite des Dozuka annähernd gleich. Früher wurde das Dozuka oben und das Sunanomono unten in einem Chigaidana-Regal aufgestellt.

So sind diese drei Lektionen geistig und technisch die schwierigsten Lehren der überlieferten Schrift. Im folgenden werden vier Arrangementbeispiele mit Erläuterungen dargestellt.

Überquerender Shin (Tanikoshi-shin)

»Überquerender Shin« (Tanikoshi-shin) ist ein Rikka-Arrangement, das eine Landschaft darstellen soll; vor allem durch einen kräftig gebogenen Stiel drückt es den Willen des Shin aus, der das Tal überqueren will. Den Shin selbst – und darum auch das ganze Arrangement – nennt man »Tanikoshi-shin«.

Der Shin steigt nach der Überlieferung zunächst über den Shoshin in die Richtung des Mikoshi (d.h. etwas nach hinten) empor und übernimmt dadurch auch die Rolle des Mikoshi. Dann biegt er nach vorn, wie die Abbildung 198 zeigt, und steigt kaskadenförmig herab ins Tal (d.h. unterhalb des Uke), und schließlich richtet er seine Spitze etwas nach vorn auf, um den Willen des Shin, das Tal zu überqueren, anzudeuten.

Bei solchem variierten Shin ist auch noch ein leichter Pseudo-Shin (Honza-shin) notwendig, um dem Arrangement Gleichgewicht zu verleihen. Es gibt zwei Auffassungen über die Lage des Pseudo-Shin: er kann an der Vorderseite oder an der Hinterseite des Tanikoshi-shin angeordnet sein. Im allgemeinen ist es leichter, den Pseudo-Shin hinter dem Tanikoshi-shin anzuordnen, aber beides ist richtig. Auf jeden Fall muß seine Spitze in die Mittellinie zurückkehren. Der Tanikoshi-Shin soll am besten von der mittleren Stufe oder der normalen Stufe abbiegen.

Bei dem abgebildeten Arrangement (Tafel 32) wurde der Tanikoshi-shin mit Kashima-Kiefer gestaltet; der Pseudo-Shin mit Zypresse steigt daneben auf. Die schwebenden Linien der Weide für den Soe und den Uke betonen den kräftigen Shin. Am Boden des Tals (d.h. unterhalb des Uke), schaut die junge Kiefer heraus, um den Shin zu begrüßen.

Material
Tanikoshi-shin: Kashima-Kiefer (Varietät aus Chiba)
Hikae: Kashima-Kiefer
Honza-shin: Zypresse
Nagashi: Zypresse
Soe: Akame-Weide *(Salix chaenomeloides)*
Uke: Akame-Weide
Uchi-soe: Eibe
Oha-shita: Eibe
Uke-uchi: junge Kiefer und Eibe
Shoshin: Narzissen
Kusamichi: Spinnenchrysanthemen (negativer Umweg)
Oha: Mispelblätter
Do: Wacholder
Irogiri: Spindelstrauch *(Euonymus japonica)*
Maeoki: Buchsbaum
Do-uchi: Chloranthus *(Chloranthus glaber)*
Do-waki: Chloranthus
Kidome: Kamelie
Kusadome: Blätter von Shaga *(Iris japonica)*
Kariha: Blätter von Shaga
Ushirogakoi: junge Kiefer
Gefäß
Bronzevase mit Zierhenkeln von gerollten Drachen
Form des Arrangements
Noki-shin (Biegungspunkt: normale Stufe)
rechtsseitig
Förmlichkeit: Gyo

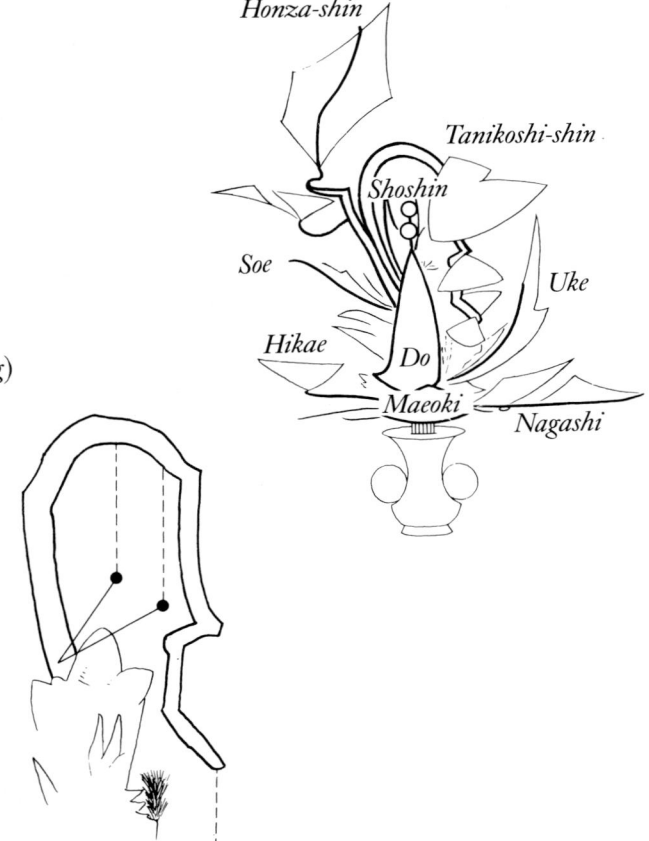

Abb. 198 Die richtige Richtung des Tanikoshi-shin

Tafel 32

153

Überbrückender Shin (Taniwatari-shin)

»Taniwatari-shin« stellt ebenso wie Tanikoshi-shin eine Landschaft dar; der Unterschied ist, daß der Tanikoshi-shin unterhalb des Uke herabsteigt, während der Taniwatari-shin über dem Uke (d.h. Pseudo-Uke) herunter schwebt. Der zickzackförmige Taniwatari-shin vermittelt den Eindruck, daß er das Tal überbrücken will. Eine andere Auffassung ist, daß der Taniwatari-shin einen das Tal überquerenden Vogelzug ausdrücken will. Der schön im Zickzack gebogene Stiel erinnert in der Tat an einen Vogelzug. Auf jeden Fall nennt man den überbrückenden Shin selbst – und darum das ganze Arrangement »Taniwatari-shin«.

Nach der überlieferten Schrift soll der Shin einen wellenförmigen, im Zickzack gebogenen Zweig verwenden, oder so einen Zweig mit der Zapfentechnik künstlich herstellen (siehe Seite 60). Der Shin soll am besten von der mittleren oder der normalen Stufe abbiegen, und zwar steigt er zunächst über den Shoshin in die Richtung des Mikoshi empor, wie der Tanikoshi-shin, und biegt dann nach vorn und hängt über dem Uke nach vorn; deshalb übernimmt der Taniwatari-shin auch die Rollen des Mikoshi und des Uke. Dafür werden ein Pseudo-Mikoshi (Honza-mikoshi) und ein Pseudo-Uke (Honza-uke) in kleinem Maße in ihren normalen Positionen angeordnet. Um das Gleichgewicht des Arrangements zu gewinnen, wird hier auch ein Pseudo-Shin (Honza-shin) notwendig.

In dem abgebildeten Arrangement (Tafel 33) wurden Pflaumenzweige für den Pseudo-Shin, den Pseudo-Mikoshi, den Soe und den Nagashi verwendet. Vor allem kontrastiert der gerade wachsende junge Trieb (Zuwae) des Pflaumenzweiges als Soe mit dem kräftig gebogenen Shin. Die für den Pseudo-Uke leicht arrangierte schwarze Kiefer bildet das Tal und betont auch den Shin, der hoch über dem Tal schwebt. Vom Foto her kann man nicht sehr gut erkennen, wie der Taniwatari-shin gestaltet wurde. Der Shin steigt zunächst in die Richtung des normalen Mikoshi empor, knickt dann an der Knotenstelle oben nach hinten ab, biegt nach rechts vorn und steigt wieder kraftvoll herunter. Hängt der Shin einfach herab, kann er das Motiv nicht vermitteln. Die Spitze des Shin muß nach oben gebogen werden, um eine lebendige Bewegung und den Willen des Shin anzudeuten.

Material

Taniwatari-shin: Schwarzkiefer *(Pinus thunbergii)*
Honza-uke: Schwarzkiefer
Hikae: Schwarzkiefer
Honza-shin: Pflaumenzweige
Honza-mikoshi: Pflaumenzweige
Soe: Pflaumenzweige
Nagashi: Pflaumenzweige
Uchi-soe: Zypresse
Oha-shita: Zypresse
Uke-uchi: Zypresse
Shoshin: Narzissen
Kusamichi: Narzissen (positiver Weg)
Kariha: Blätter von Shaga *(Iris japonica)*
Oha: Mispelblätter
Do: Chinesischer Wacholder *(Juniperus chinensis)*
Maeoki: Kamelie
Kidome: Straußfarn
Kusadome: kleine Chrysanthemen
Ushirogakoi: junge Kiefer

Gefäß
alte eckige Bronzevase mit Löwenzierhenkeln

Untersatz
chinesisches Bambusgestell

Form des Arrangements
Noki-shin (Biegungspunkt: mittlere Stufe)
rechtsseitig
Förmlichkeit: Gyo

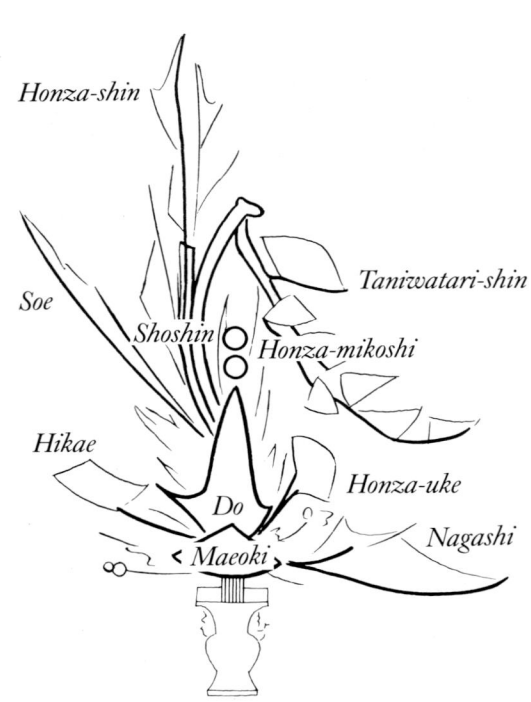

154

Tafel 33

Dreistufige Mispel (Sandan Biwa)

»Dreistufige Mispel« ist ein Arrangement, dessen Do mit zahlreichen Mispelblättern *(Eriobotrya japonica)* gestaltet wird. Bei der Rikka-Technik liegt die Vollendung oft bei der Beherrschung von Oha (Große Blätter), deshalb erfordert die Gestaltung des körperhaften Do mit flachen Blättern besonders hohe Technik.

Die überlieferte Schrift empfiehlt dreizehn oder mehr Mispelblätter für den Do, und zwar in drei Stufen: oben, in der Mitte und unten. Deshalb nennt man diese Form auch »Sandan-do« (Dreistufiger Do). Auf jeden Fall soll die Zahl der Blätter ungerade sein, und es muß immer ein Schattenblatt mehr als Lichtblätter sein, eine immer geltende Regel für Oha. Sie werden wie die Aufbaustiele (Shin, Soe und Tai) des Ikenobo-Shoka (= Seika) angeordnet. Um Abwechslung zu geben, werden Mispelknospen oder Glanzmispel *(Photinia glabra)* mitgesteckt.

Material
Shin: Goyo-Kiefer *(Pinus parviflora)*
Uke: Goyo-Kiefer
Hikae: Goyo-Kiefer
Mikoshi: Stechpalme *(Ilex serrata)* mit weißen
    Blüten und rote Chrysanthemen
Nagashi: Stechpalme mit weißen Blüten
Hikae-ue: Stechpalme mit weißen Blüten
Soe: weiße Chrysanthemen
Shoshin: gelbe und weiße Chrysanthemen
Kusamichi: gelbe und weiße Chrysanthemen (positiver Umweg)
Do: Blätter von Japanischer Mispel *(Eriobotrya japonica)*
    und von Glanzmispel *(Photinia glabra)*
Uchi-soe: Eibe
Uke-uchi: Eibe
Hikae-ue: Eibe
Maeoki: Buchsbaum
Kidome: Kamelie
Kusadome: Winterchrysanthemen *(Chrysanthemum morifolium)*
Ushirogakoi: junge Kiefer
Gefäß
alte Bronzevase mit Phönixzierhenkeln
    (entworfen von Kojima Bansui, dem Lehrer des Autors)
Untersatz
chinesisches Bambusgestell
Form des Arrangements
Noki-shin (Biegungspunkt: mittlere Stufe)
rechtsseitig
Förmlichkeit: Gyo (Gyo no Gyo)

Man muß außerdem auf die Verteilung der Blumen (Kusamono) achten. Der Blumenpaß (Kusamichi) soll entweder in Junkusa-suguori (positiver Umweg) oder Gyakugusa-suguori (negativer Umweg) angeordnet werden, so sind die Blumen auf beiden Seiten zu sehen (siehe Seiten 22–23). Damit wird der einseitige Aufbau (Katazukuri) vermieden. Die Blumen innerhalb des Do sollen hinter den Mispel-Blättern so gesteckt werden, daß sie zwischen den Blättern herausblicken; die Reihe von Blumen sowie die der Blätter werden dadurch optisch fortgesetzt.

Das abgebildete Arrangement (Tafel 34) verwendet in allen Teilen Goyo-Kiefer *(Pinus parviflora)*. Kombiniert mit Stechpalmen *(Ilex serrata)* und Herbstchrysanthemen mit weißen, gelben und roten Blüten entstand ein Herbst-Arrangement. Im Herbst sind Kiefernnadeln besonders hübsch, Chrysanthemen sind am schönsten und Glanzmispeln sind erhältlich. Deshalb ist Herbst die ideale Jahreszeit, die »dreistufige Mispel« zu gestalten.

Die Anordnung vieler Blätter erfordert Sorgfalt und Zeit, aber das Endergebnis sieht trotz des Aufwands nicht besonders eindrucksvoll aus. Deshalb gibt es heute nur noch sehr wenige Studenten dieser Form.

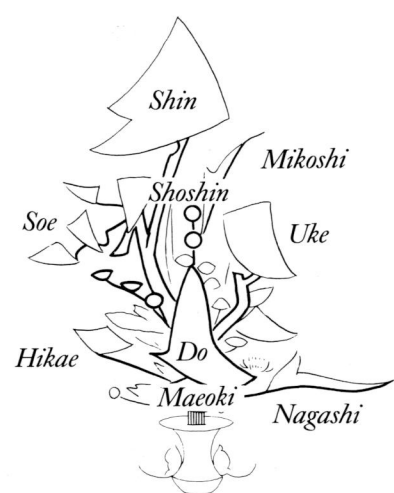

Tafel 34

Gebündeltes Rikka (Dozuka)

Das Wort »Dozuka« wird im allgemeinen für ein klassisches kleines Rikka-Arrangement verwendet, dessen Höhe und Breite annähernd gleich sind. Weil die Aufbauform im Do-Teil zusammengedrückt und dort gebündelt aussieht, nennt man diese Form »Do-zuka« (Do-Bündel).

Dozuka wurde ursprünglich für den oberen Teil des im Zickzack gebauten Regals (Chigaidana) entwickelt; zusammen mit dem für den unteren Teil des Regals entwickelten Sunanomono (siehe Seite 78) bildet es einen harmonischen Schmuck im japanischen Wohnzimmer. Dozuka soll deshalb von unten betrachtet werden. Technisch liegt es zwischen dem normalen Rikka und dem Sunanomono. Als Gefäß soll eine breitere Form gewählt werden, allerdings keine flache Schale (So-Gefäß), weil Dozuka zur Gyo-Stufe der Förmlichkeit gehört.

Die überlieferte Schrift empfiehlt Blumen und Zweige in üppiger Form zu gestalten, die zum Beispiel an eine felsige Höhle des großen Berges erinnert. Trotz der kleinen Form muß es körperhaft gebaut werden. Der Do muß klein aber funktionell sein. Die Technik des Do-Aufbaus kann heute auch für das Shohin-Rikka (modernes kleines Rikka: Seite 183) angewandt werden. Der Shin soll höchstens von der mittleren Stufe abbiegen; die Uke-agari-Form (siehe Seite 92) ist dafür sehr geeignet. Keine Oha (Große Blätter) werden verwendet.

Bei dem abgebildeten Arrangement (Tafel 35) begleitet der erhöhte Uke den Bogen des Shin und schwebt über dem Shoshin in Richtung Nagashi herunter. Der unterste Trieb (Ichi no Eda) des Shin wurde wie in der Sunanomono-Form (siehe Seite 78) nach außen gerichtet. Als Gegengewicht wurde der Nagashi in die Gegenrichtung ausgeladen.

Dieses Dozuka-Arrangement wurde ziemlich großzügig gestaltet. Wenn der Platz begrenzt ist, kann man den Shin entfernen und den erhöhten Uke als Shin verwenden.

Material
Shin: Schwarzkiefer *(Pinus thunbergii)*
Taka-uke: Schwarzkiefer (einschließlich Mikoshi)
Soe: Pflaumenzweige
Nagashi: Pflaumenzweige
Honza-uke: Chrysanthemen
Shoshin: Chrysanthemen
Kusamichi: Chrysanthemen (positiver Umweg)
Do: Japanische Zypresse *(Chamaecyparis obtusa)*
Maeoki: Buchsbaum
Hikae: Buchsbaum
Kidome: Kamelie
Kusadome: kleine Chrysanthemen
Ushirogakoi: junge Kiefer
Gefäß
altes Bronzegefäß mit ohringartigen Zierhenkeln
Untersatz
Tisch
Form des Arrangements
Noki-shin (Biegungspunkt: mittlere Stufe)
    mit Uke-agari-Variation
rechtsseitig
Förmlichkeit: Gyo

Tafel 35

Sonderform
der Überlieferung

Es gibt noch eine wertvolle Überlieferung, die nicht in der überlieferten Schrift (Densho) enthalten ist, nämlich Aioi-jin. Diese Variation wurde nur mündlich vom Vater zum Sohn überliefert, und deshalb nie im Densho dokumentiert. Aber es ist zweckmäßig, sie hier zu erwähnen.

Aioi-jin (auch Aioi-shin genannt) ist eine Variation, in der sich zwei Triebe des Shin-Zweiges gegenüberstehen und »miteinander sprechen«; sie symbolisieren Mann und Frau. Wie das Ai-jin (Tafel 30) deutet auch dieses Arrangement Harmonie der Ehe an.

Der Stiel, der die Frau symbolisiert, wird auf der Schattenseite zurückhaltend angeordnet, im Gegensatz zu dem Stiel auf der Lichtseite, der den Mann symbolisiert. Der Shoshin, der in der Mitte der Gabel steht, repräsentiert den Nachwuchs und wird in der Regel mit junger Kiefer gestaltet.

Beim abgebildeten Arrangement (Abbildung 199) wurden Pflaumenzweige, die alt aber noch kraftvoll sind, für den Soe, den Uke und den Nagashi verwendet, während Narzissen, die Frische und Reinheit symbolisieren, für den Kusamichi angebracht wurden, um die verschiedenen Generationen darzustellen. Der Hikae wird wie der Shoshin mit junger Kiefer gestaltet und deutet die dritte Generation an. Das Arrangement ist linksseitig und gehört zur Shin-Stufe der Förmlichkeit.

Abb. 199   Aioi-jin

KREATIVES RIKKA

Einführung

Kreatives Rikka (Sosaku Rikka) ist ein Rikka, welches die moderne Geschmacksrichtung vermitteln kann, durch beherrschte Verwendung traditioneller Formen und Techniken, die auf der vollständigen Kenntnis der Überlieferung des Rikka beruhen.

Freiheit des Ausdrucks und ein spontaner Fortentwicklungsversuch kommen automatisch heraus, wenn ein Künstler die grundlegenden Regeln und Techniken so weit beherrscht, daß er sie unbewußt anwenden kann.

Kreatives Rikka ist eine Fortentwicklung des traditionellen Rikka, deshalb gibt es viele Gemeinsamkeiten zwischen den beiden. In technischer Hinsicht manifestieren sich in den Regeln des überlieferten Rikka rationale, zeitlose Gedanken und Erfahrungen von Generationen von Vorgängern. Unter anderen sind die Regeln über Einsteckpunkte (Sashiguchi) und Verzweigungspunkte (De) sehr wertvoll. Von solchen Regeln soll man profitieren, statt sie zu ignorieren. Die heute weit verbreitete Richtung, alle Tradition als »veraltet« zu verachten, ist falsch und bedauerlich. Jeder Künstler muß zuerst die traditionelle Überlieferung erlernen, und nur nach ihrer vollständigen Verinnerlichung kommt man allmählich zu einer neuen Technik und zum kreativen Ausdruck.

Im folgenden werden Arrangement-Beispiele gezeigt, die jeweils zum bestimmten Thema kreativ gestaltet wurden.

Schöpfung

Der Verlauf einer Geburt oder einer Schöpfung ist schön. Dieses Werk stellt gerade einen solchen Verlauf dar, in dem sich etwas unbekanntes bildet, dessen Linie, Fläche und Masse sich allmählich erkennbar machen.

Mit der Anwendung des traditionellen Rikka-Prinzips des Gleichgewichts von vielen Pflanzen wurden hier verschiedene Materialien zum Thema Schöpfung lebhaft kombiniert. Meine Behauptung (Yuchikus), daß die Schöpfung eines Rikka und die aller anderen Formen gleich sind, wurde auch in dieser Komposition ausgedrückt.

Material
Shin- und Mikoshi-Gegend: verwitterte Äste, Sansevieriablätter, Zypresse und Tanne
Uke- und Nagashi-Gegend: verwitterte Äste, Material aus Kunststoff und Heidelbeerzweige
Shoshin- und Kusamichi-Gegend: Dahlie und Stokesia *(Stokesio laevis)*
Do-Gegend: verwitterte Äste und Tanne
Soe- und Hikae-Gegend: verwitterte Äste, Tanne und Zierananas
Maeoki-Gegend: verwitterte Äste und Wacholder
Mizugiwa-Gegend: Besenreisig
Gefäß
schwarze Kieselsteine als Gefäßersatz
Form des Arrangements
abstrakte Sunanomono-Variation
rechtsseitig
Förmlichkeit: So (So no So)

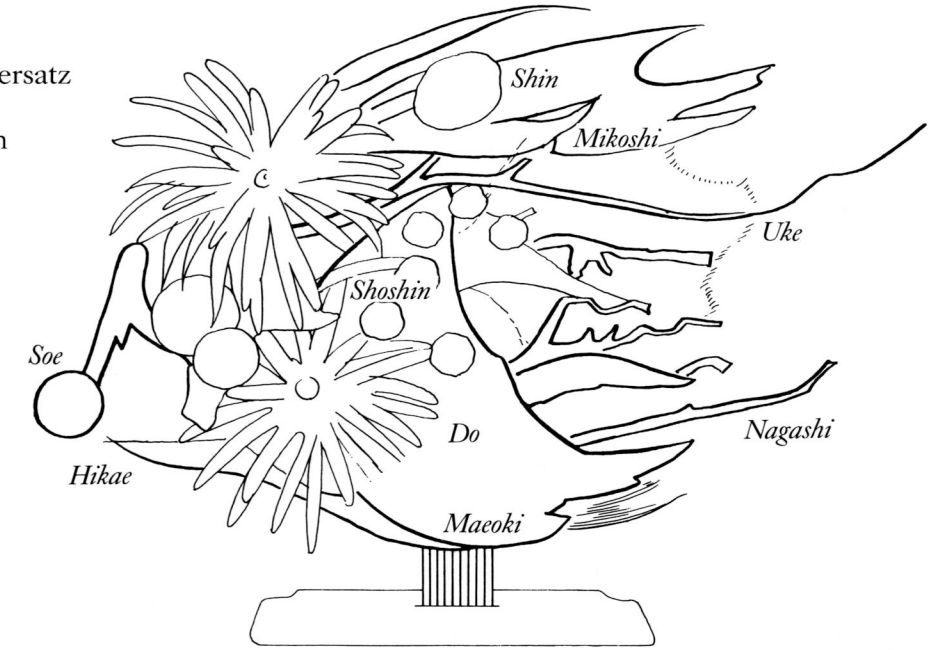

Tafel 36

Grüner Ahorn

Die Ansicht von Ahorn, der seine Zweige von der hochfliegenden Felsenspitze ausbreitet, wurde in diesem Sunanomono-Arrangement in Anlehnung an die Regeln des linksseitigen Nagashi (siehe Seite 140) gestaltet.

Beim Arrangement mit linksseitigem Nagashi wird normalerweise ein leichter Soe gesteckt, um den Nagashi zu betonen, aber hier wurden dicke grüne Ahornzweige als Soe benutzt, um das Thema des Arrangements darzustellen.

Die dichte Blätterbildung für den Do und den Maeoki erinnert an die wohlwachsenden Pflanzen unter den Bergen, und der Nagashi aus verwittertem Holz deutet die nackte Fläche des Berges an. Die durch die grüne Schicht verteilten Blumen der Jahreszeit, Iris, Päonie, Waldrebe und Azalee lassen das Rauschen des Bergflusses ahnen.

Material
Shin: roter Ahorn
Soe: Osakazuki-Ahorn *(Acer amoenum)*
Uke-shita: Osakazuki-Ahorn
Nagashi: verwitterter Ast
Uke: verwitterter Ast, Wacholder und Bergahorn *(Acer palmatum)*
Mikoshi: Zypresse
Shoshin: helle und dunkle lila Hanashobu *(Iris ensata)*
Kusamichi: Päonien und Waldreben
Do: Sicheltanne *(Cryptomeria japonica)*
Soe-shita: Rosen und Spindelstrauch *(Euonymus japonica)*
Hikae-ue: Weißdorn und Hanashobu *(Iris ensata)*
Nagashi-ue: Weißdorn
Hikae: Dodan-Azalee *(Enkianthus perulatus)*
Maeoki: Dodan-Azalee
Kidome: Azalee
Kusadome: Salomonssiegel *(Polygonatum falcatum)*
Gefäß
runde Bronzeschale
Untersatz
Holzbrett mit Einfassung
Form des Arrangements
Sunanomono mit linksseitigem Nagashi rechtsseitig
Förmlichkeit: So (So no So)

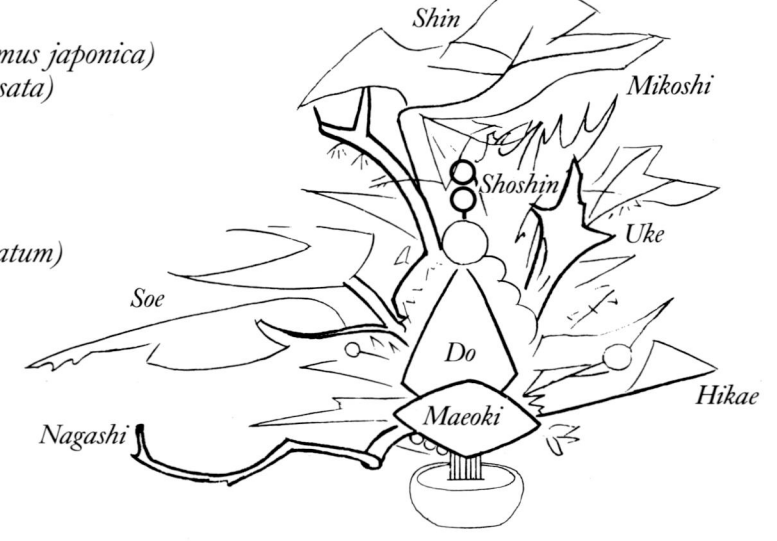

Tafel 37

Geist der Päonie

Betrachtet man die Päonie in ihrem Glanz, ist man bezaubert und berauscht von dem Geist dieser Blume.

Früher war sie als Fukiso (Blume des Reichtums und der Vornehmheit) bekannt und wurde wegen ihrer Kostbarkeit und Seltenheit sparsam verwendet (siehe Seite 128). Im abgebildeten Arrangement wurde sie aber reichlich in drei Farben – Weiß, Rosa und Rot – benutzt. Das Arrangement ist in der Uke-agari-Variation (erhöhter Uke: Seite 92) gestaltet, in der die lila Glyzine als Uke (und als Mikoshi) ruhig und gelassen im Hintergrund blüht. Weiße Glyzine wurde auf der rechten Seite als Soe unter Anwendung der Technik von Susuki Hitoha (ein Halm Chinaschilf: Seite 100) angeordnet und dient zur Verschönerung des Aussehens (Sugata-naoshi). Dies zeigt, wie wirkungsvoll ein einziger Stiel das ganze Arrangement verfeinern kann.

Material
Shin: Päonien (weiß, rosa und rot)
Honza-uke: Päonien (weiß, rosa und rot)
Shoshin: Päonien (weiß, rosa und rot)
Do: Päonien (weiß, rosa und rot)
Maeoki: Päonien (weiß, rosa und rot)
Taka-uke: lila Glyzine (einschließlich Mikoshi)
Soe: weiße Glyzine
Hikae: Japanische Iris *(Iris laevigata)*
Kusamichi: Japanische Iris
Kariha: Blätter von Shaga *(Iris japonica)*
Nagashi: Ryukyu-Azalee (der Ryukyu-Inseln)
Kusadome: Salomonssiegel *(Polygonatum falcatum)*
Ushirogakoi: Ryukyu-Azalee mit weißen Blüten
Gefäß
silbernes, keramisches Gefäß
Untersatz
Holzbrett
Form des Arrangements
Noki-shin (Biegungspunkt: untere Stufe)
    mit Uke-agari-Variation
linksseitig
Förmlichkeit: Gyo (Gyo no So)

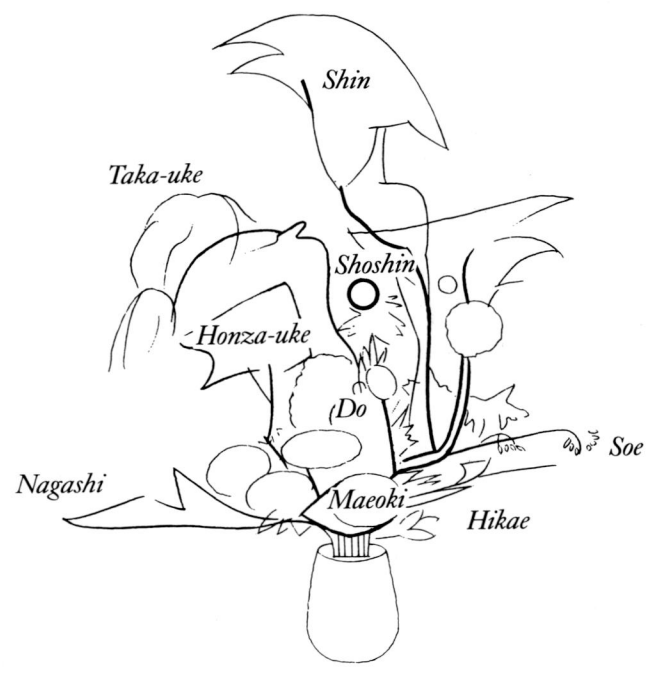

Tafel 38

Frühlingstanz

Wachsende Zweige, die in der Frühlingssonne blühen und sich ausbreiten, sind das Thema dieses Arrangements.

Es verwendet die Form des Dozuka (siehe Seite 158) in der lockeren, fächerförmigen So-Gestaltung, und zwar in Anlehnung an die Regeln der linksseitigen Nagashi-Variation (siehe Seite 140).

Das hohe Gefäß betont die Stimmung des breit schwebenden Materials. Die fächerförmige Gestalt deutet den Tanz mit einem Fächer an. Die Schwungkraft des Arrangements erfordert es, auf den unteren Schmuck, Kidome und Kusadome zu verzichten.

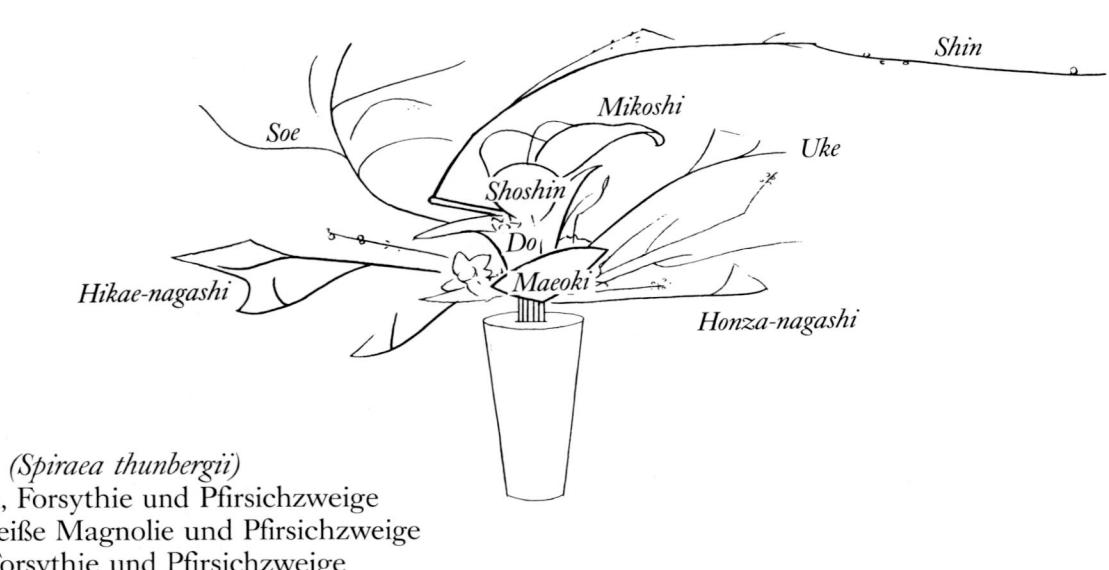

Material
Shin: Forsythie
Soe: Spierstrauch *(Spiraea thunbergii)*
Uke: Spierstrauch, Forsythie und Pfirsichzweige
Hikae-nagashi: weiße Magnolie und Pfirsichzweige
Honza-nagashi: Forsythie und Pfirsichzweige
Mikoshi: Blatt von Gummibaum
Shoshin: Riemenblatt *(Clivia miniata)*
Kusamichi: gelbe Osterglocken
Do: Buchsbaum und Spierstrauch
Maeoki: Buchsbaum und Spierstrauch
Gefäß
dunkelbraune Keramikvase
Form des Arrangements
Noki-shin in Dozuka-Form mit linksseitigem Nagashi rechtsseitig
Förmlichkeit: So

Tafel 39

Strahlende Schönheit

Diese Schöpfung ist ein Ubudate-Rikka (siehe Seite 70) mit westlichen Blumen, deren verschiedene Farben von der Mittelachse aus nach allen Richtungen hin strahlen.

Um die radiale Schönheit des Gestecks in direkter, offener Weise auszudrücken, wurde es in der aufrechten Sugu-shin-Form gebaut. Diese Form und das Material könnten einen oberflächlichen Eindruck vermitteln, deshalb wurde besondere Sorgfalt auf die Verteilung von Linien, Flächen und Farben gelegt. Durch die Wahl des Einsteckpunktes seitlich in einem gebogenen Gefäß wurde ihm eine weitere Abwechslung verliehen.

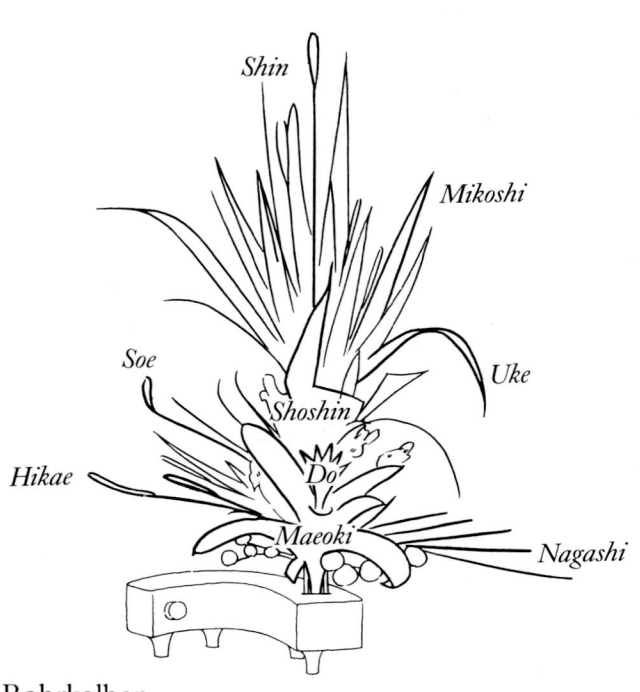

Material
Shin: Prachtscharte *(Liatris)*, Neuseeländer Flachs und Rohrkolben
Mikoshi: Prachtscharte, Neuseeländer Flachs und Rohrkolben
Soe: Prachtscharte
Nagashi: Prachtscharte
Uke: Neuseeländer Flachs
Hikae: Rohrkolben
Shoshin: rote, weiße und cremefarbene Gladiolen
Kusamichi: rote, weiße und cremefarbene Gladiolen
Do: Zierananas *(Bromelia ananas)*
Maeoki: Zierananas
Mikoshi-shita: Iris (Iris-Hollandica)
Kidome: Dahlie
Kusadome: Sonnenauge *(Heliopsis helianthoides)*
Gefäß
gebogene, verformte Konpoto-Schale (hergestellt von Masaaki)
Form des Arrangements
Sugu-shin
rechtsseitig
Förmlichkeit: Shin (Shin no So)

Tafel 40

Trockenlandschaft

Um eine ausgedörrte Landschaftsszene darzustellen, wurden getrocknete Materialien verschiedener
Formen und Farben zusammengefügt und in einer
Uke-agari-Form (siehe Seite 92) gestaltet; der Shin
ist gebogen und biegt von der unteren Stufe ab.

Der hochfliegende Shin deutet ferne Berge an,
während die Masse vom erhöhten Uke bis zum
Nagashi an den Hügel in der Nähe erinnert. Das
dichte Laubwerk des Buchsbaums, unten zwischen
dem Shin und dem erhöhten Uke, stellt eine Bergschlucht dar.

Der getrocknete Aogiri-Zweig *(Firmiana simplex),* der auf der rechten Seite hochsteigt, spielt
eine Doppelrolle: Er ist zugleich der Soe und ein
Teil des Shin.

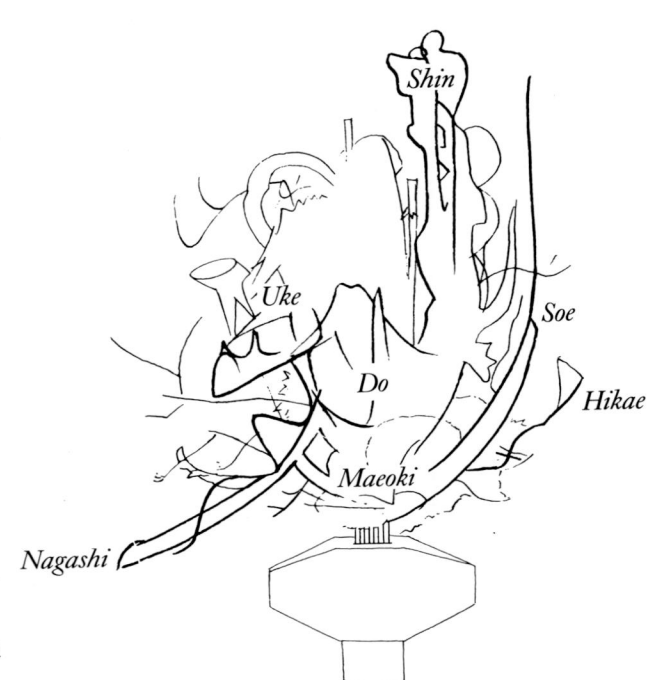

Material
Shin: Maulbeerbaum, Glyzine, Wacholder und Ahorn
Soe: Glyzine und Aogiri *(Firmiana simplex)*
Uke: Glyzine, Kiefernwurzel und verwitterte Äste
Nagashi: Glyzine, Kiefernwurzel und verwitterte Äste
Hikae: Buchsbaum
Maeoki: Buchsbaum
Do: Ahorn
Gefäß
hammerförmiges, keramisches Gefäß (hergestellt von Sugawara Mannosuke)
Form des Arrangements
Noki-shin (Biegungspunkt: untere Stufe) mit Uke-agari-Variation
linksseitig
Förmlichkeit: Gyo (Gyo no So)

174

Tafel 41

Rikka aus leichtem Material

Diese ungewöhnliche Komposition heißt »Sugu-shin mit Noki-shin-Tendenz« und verwendet zwei Shin: einen geraden und einen geneigten.

Der schlanke gebogene Zweig der Fiederspiere fliegt hoch im Arrangement als ein gebogener Shin und wird vom zweiten Shin aus gerade steigenden Taglilien unterstützt. Diese senkrechten Taglilien dienen auch als Shoshin.

Die Mittellinie mit gelben Taglilien, die lila Waldreben und die weißen Päonien, die aus der schönen Masse mit verschiedenen Abstufungen von Grün herausblicken, bilden zusammen ein spontanes Rikka-Arrangement aus Kusamono und leichtem Kimono, welches eine ländliche Stimmung im Sommer wachruft.

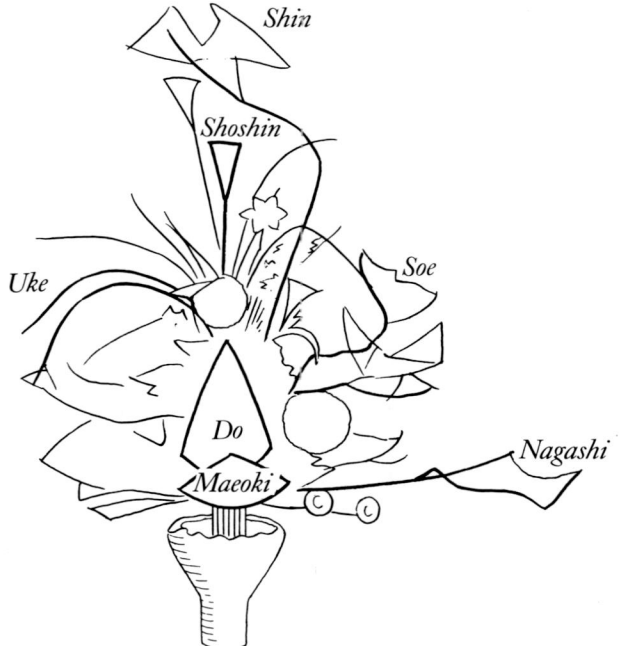

Material
Shin: Taglilien und Fiederspiere
Shoshin: Taglilien
Soe: Taglilie und Dodan-Azalee *(Enkianthus perulatus)*
Uke: Fiederspiere und Dodan-Azalee
Nagashi: Dodan-Azalee
Kusamichi: Waldreben und Päonien
Do: Heidelbeerzweige (Natsuhaze)
Maeoki: Heidelbeerzweige
Kidome: Straußfarn
Kusadome: Gänseblümchen
Gefäß
keramisches Gefäß im Jomon-Stil (mit Seilenrelief); hergestellt von Sugawara Mannosuke
Form des Arrangements
Sugu-shin mit (Noki-shin-Tendenz) mit linksseitigem Nagashi
linksseitig
Förmlichkeit: Gyo

Tafel 42

Rikka mit exotischen Pflanzen

Das spontan und frei gegen den Hintergrund des weiten Himmels sich entfaltende Blätterwerk vermittelt ein entspanntes Gefühl im warmen Sonnenschein der Südsee.

Während die Dracaena-Blätter im oberen Teil Großzügigkeit ausstrahlen, zieht die kurze, spitze Palmlilie das Arrangement in der Mitte zusammen.

Die großen Blätter von Dieffenbachia, die lebhaften Stiele von Paradiesvogelblumen, die leuchtenden Farben im Blumenpaß, die anmutige Neigung von Phönix und die interessant gefleckten Blätter von Sansevieria bilden alle zusammen ein exotisches, harmonisches Rikka-Arrangement.

Material
Shin: Dracaena
Soe: Paradiesvogelblumen *(Strelitzia reginae)*
Uke: Paradiesvogelblumen
Shoshin: Tulpen
Mikoshi: Spierstrauch *(Spiraea cantoniensis)*
Soe-shita: Spierstrauch
Hikae: Iris (Iris-Hollandica)
Nagashi: lila Azalee
Do: Palmlilie *(Yucca aloifolia)*
Kusamichi: Paradiesvogelblume, Iris und Tulpen
Maeoki: Kurume-Azalee *(Rhododendron obtusum)*
Oha: Dieffenbachia
Mikoshi-shita: Sansevieria
Hikae-ue: Sansevieria
Soe-shita: Phönix
Uke-shita: Phönix
Kidome: Rosen
Kusadome: Freesien
Ushirogakoi: Spindelstrauch *(Euonymus japonica)*
Gefäß
keramisches Gefäß, hergestellt von Masaaki
Form des Arrangements
Sugu-shin
rechtsseitig
Förmlichkeit: Shin (Shin no So)

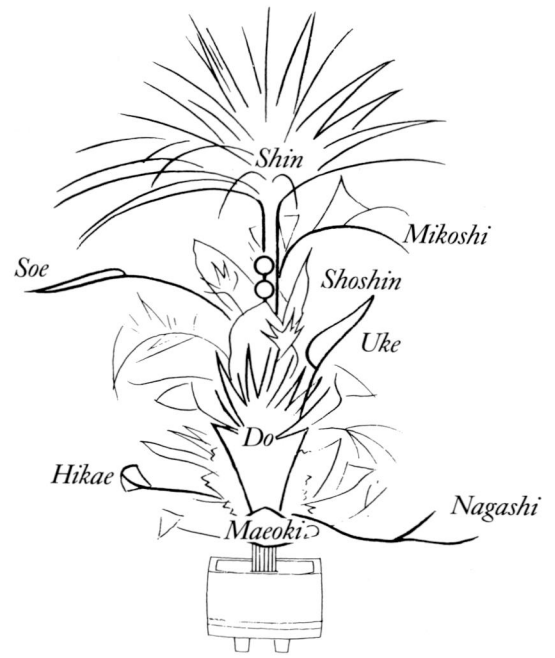

178

Tafel 43

MODERNES KLEINES
RIKKA

Einführung

Shohin–Rikka bedeutet Kleines Rikka; das ist nicht etwa ein verkleinertes Rikka, sondern ein selbständiger Stil, der zwischen dem Shoka (Seika) und dem Rikka liegt. Es wird nach eigenen Shohin-Rikka-Regeln gestaltet.

Maße, Aufbaustiele und Reihenfolge des Aufbaus sind etwas anders als die des klassischen Rikka. Die Höhe des Arrangements, einschließlich des Gefäßes, soll 1 m nicht überschreiten. Es gibt nur sieben Aufbaustiele, nämlich Shin, Soe, Uke, Shoshin, Hikae, Nagashi und Maeoki (siehe Abbildung 200). Gelegentlich wird der Soe durch einen Mikoshi ersetzt, aber auf keinen Fall wird ein Do gesteckt. Das klassische Rikka hat neun Aufbaustiele, das Shoka nur drei. Deshalb befindet sich

das Shohin-Rikka auch von der Zahl der Aufbaustiele her zwischen dem Rikka und dem Shoka. Die Reihenfolge des Steckens wird in Abbildung 201 gezeigt. Die Höhe des Mizugiwa-Fußes soll etwa 10 cm betragen; er muß rund, schlank und gerade sein. Für Aufbaupflanzen soll man kleines oder verkleinerungsfähiges Material wählen. Im allgemeinen werden etwa fünf Arten in einem Arrangement kombiniert.

Das Shohin-Rikka wurde hauptsächlich als Kateibana (Zimmergesteck) entwickelt, während das klassische Rikka meistens als Kaijobana (Ausstellungsgesteck) gestaltet wird. Ein gutes Shohin-Rikka soll modern wirken und spontan gesteckt werden.

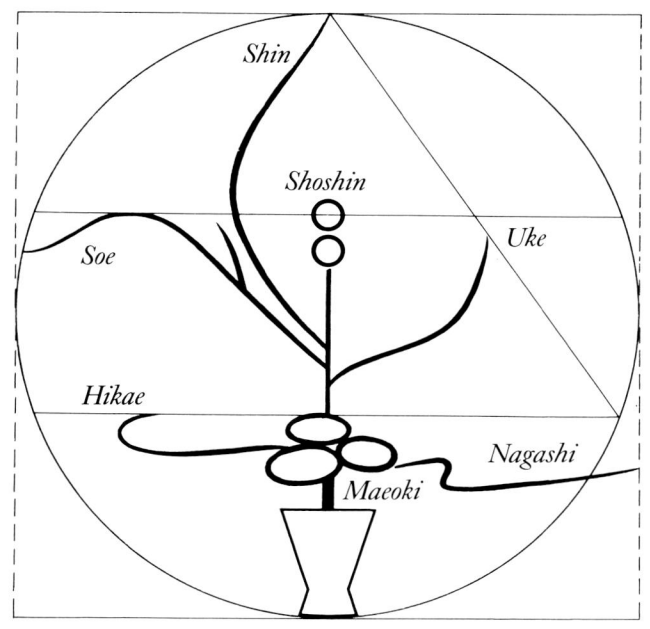

Abb. 200 Sieben Aufbaustiele des Shohin-Rikka-Arrangements

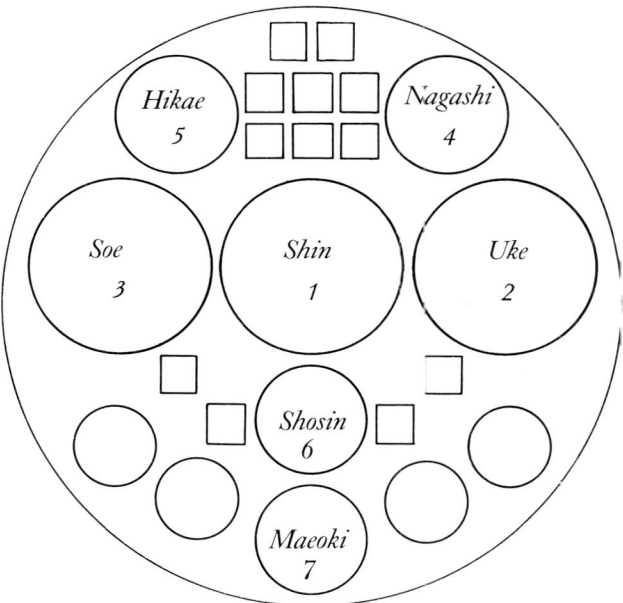

Abb. 201 Reihenfolge des Steckens und Einsteckpunkte der Shohin-Rikka-Aufbaustiele

Die Kamelie

Aus Entzücken über eine zauberhafte, große Kamelienblüte, entstand ein kleines Rikka-Arrangement.

Ein klassisches Einzelarrangement von Kamelien im Shoka-Stil hat eine eigentümliche Schönheit, aber hier hat die Kamelie durch Plazierung der großen Blüte vorn eine andere Qualität bekommen. Die langen, weichen Asparagusblätter kontrastieren mit dem harten Kamelienzweig.

Auch im kleinen Arrangement ist es wichtig, Kimono (Zweige) von Kusamono (Blumen) zu unterscheiden. Die Asparagusblätter als Kusamono wurden auf der linken Seite vom Shoshin zum Nagashi hin angeordnet, während die Kamelie als Kimono auf der rechten Seite vom Maeoki zum Shin hin fortgesetzt wurde.

Material
Shin: Kamelie
Maeoki: Kamelie
Uke: Asparagus *(Asparagus falcatus)*
Nagashi: Asparagus
Shoshin: Freesien und Asparagus
Soe: Kamelie
Hikae: Kamelie
Gefäß
Bronze schmalhalsige Vase mit drachenförmigen
    Zierhenkeln und Ringen
Form des Arrangements
Noki-shin
linksseitig
Förmlichkeit: Gyo

Tafel 44

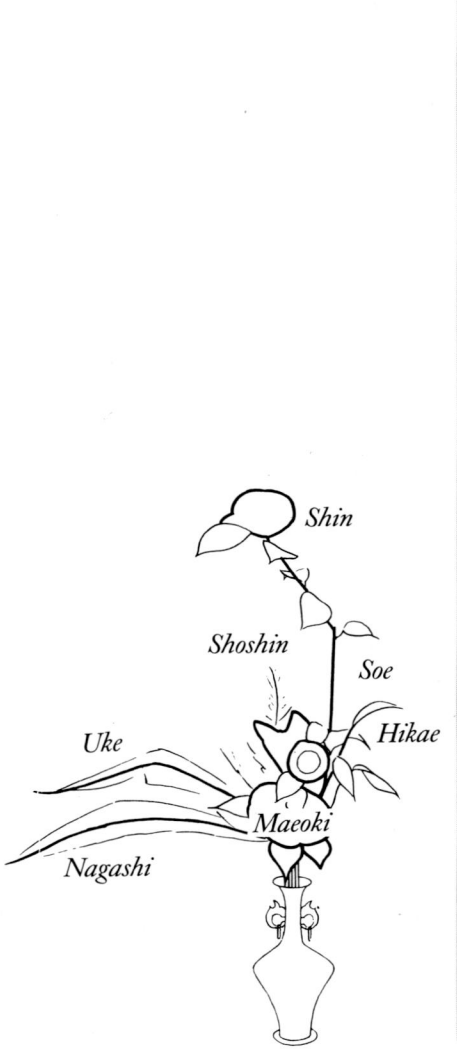

Erntezeit

Verschiedene Samenhülsen wurden kombiniert, um die Freude der Erntezeit auszudrücken. Der harte Eindruck des Arrangements ist durch die Blätter von Leopardenblumen und Asparagus gemildert. Die Blätter des Kastanienzweiges wurden vorher entfernt, um den Stachelkopf der Kastanie zu betonen.

Obwohl die Samenhülsen das Hauptmaterial des Arrangements sind, sind es die Blätter, die dem Arrangement seine Form verleihen.

Material
Shin: Samenhülsen von wilden Leopardenblumen
   (Belamcanda chinensis)
Soe: Blätter von wilden Leopardenblumen
Uke: Samenhülsen und Blätter von Leopardenblumen
Hikae: Kastanie
Shoshin: Tomaten
Nagashi: bunte Zierpaprika
Soe-shita: bunte Zierpaprika
Maeoki: Asparagus *(Asparagus falcatus)*
Gefäß
Keramikvase mit Zierhenkeln, hergestellt von
   Sugawara Mannosuke
Form des Arrangements
Noki-shin
rechtsseitig
Förmlichkeit: Gyo

Tafel 45

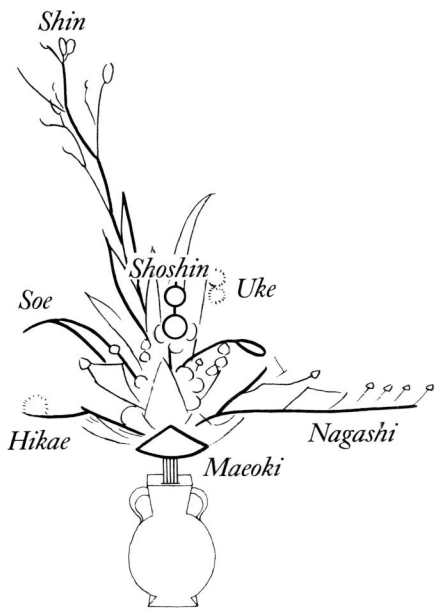

Herbstkälte

Die Vase mit ihrem schlanken Rumpf und dem
breiten oberen Rand, und das Arrangement mit
dem sauberen, schmalen Mizugiwa-Fuß und dem
breiten Schwung der Pflanzen vermitteln im ganzen ein Gefühl von Rhythmus.

Im Foto sehen die zwei schwebenden Linien des
Baumwürgers auf der linken Seite so aus, als ob sie
sich kreuzweise berührten, aber in Wirklichkeit
berühren sie sich nicht; das ist sehr wichtig, um
Bewegung auszudrücken.

Der Baumwürger gehört zum Tsuyomono (zwischen Kimono und Kusamono); hier wurde er als
Kimono verwendet und hinten angeordnet. Kusamono wurden dagegen vorn gesteckt. So wurden
Kimono und Kusamono auch hier getrennt behandelt.

Material
Shin: Baumwürger *(Celastrus orbiculatus)*
Uke: Baumwürger
Soe: Baumwürger und Kirschpflaume
  (Prunus cerasifera)
Nagashi: Funkienblätter *(Hosta undulata)*
Hikae: Funkienblätter
Shoshin: Chrysanthemen
Maeoki: Enzian und Funkienblätter
Uke-shita: Kirschpflaume
Gefäß
Son-förmige Bronzevase
  (Son ist ein zeremonielles Gefäß)
Form des Arrangements
Noki-shin linksseitig
Förmlichkeit: Gyo

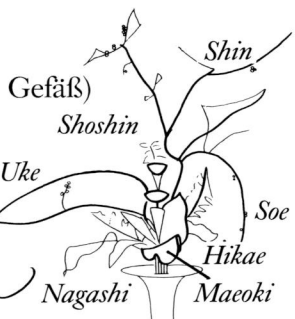

Tafel 46

186

Nenge Misho (Eine buddhistische Lehre)

Um Wasser vorn und Land hinten darzustellen, wurden Wasserpflanzen (Lotosblume und Seerose) vorn gesteckt und Landpflanzen (Chinaschilf, Enziane und Fuchsschwanz) hinten angeordnet. Das Arrangement wurde als Variation des linksseitigen Nagashi gestaltet (siehe Seite 140).

Um die geistige Erweckung des Nenge-Misho (siehe Seite 116) zu vermitteln, wurden Lotosblüten, -knospen und -blätter symbolhaft angeordnet. Das ganze Arrangement vermittelt auch das Gefühl der Nähe und der Entfernung; die Knospe deutet die ferne Sicht, die offenen Blüten und Blätter die nähere Sicht an.

Material
Shin: Chinaschilf, Enziane und Fuchsschwanz
Soe: gerolltes Lotosblatt (Makiba)
Uke: offenes Lotosblatt (Hirakiba)
Shoshin: Lotosknospe
Hikae-nagashi: Seerose und ihre Blätter
Maeoki: Seerose und ihre Blätter
Honza-nagashi: gerolltes Seerosenblatt (Makiba)
Gefäß
alte Bronzevase mit drachenförmigen Zierhenkeln
Form des Arrangements
Noki-shin mit linksseitigem Nagashi rechtsseitig
Förmlichkeit: Gyo (Gyo no So)

Tafel 47

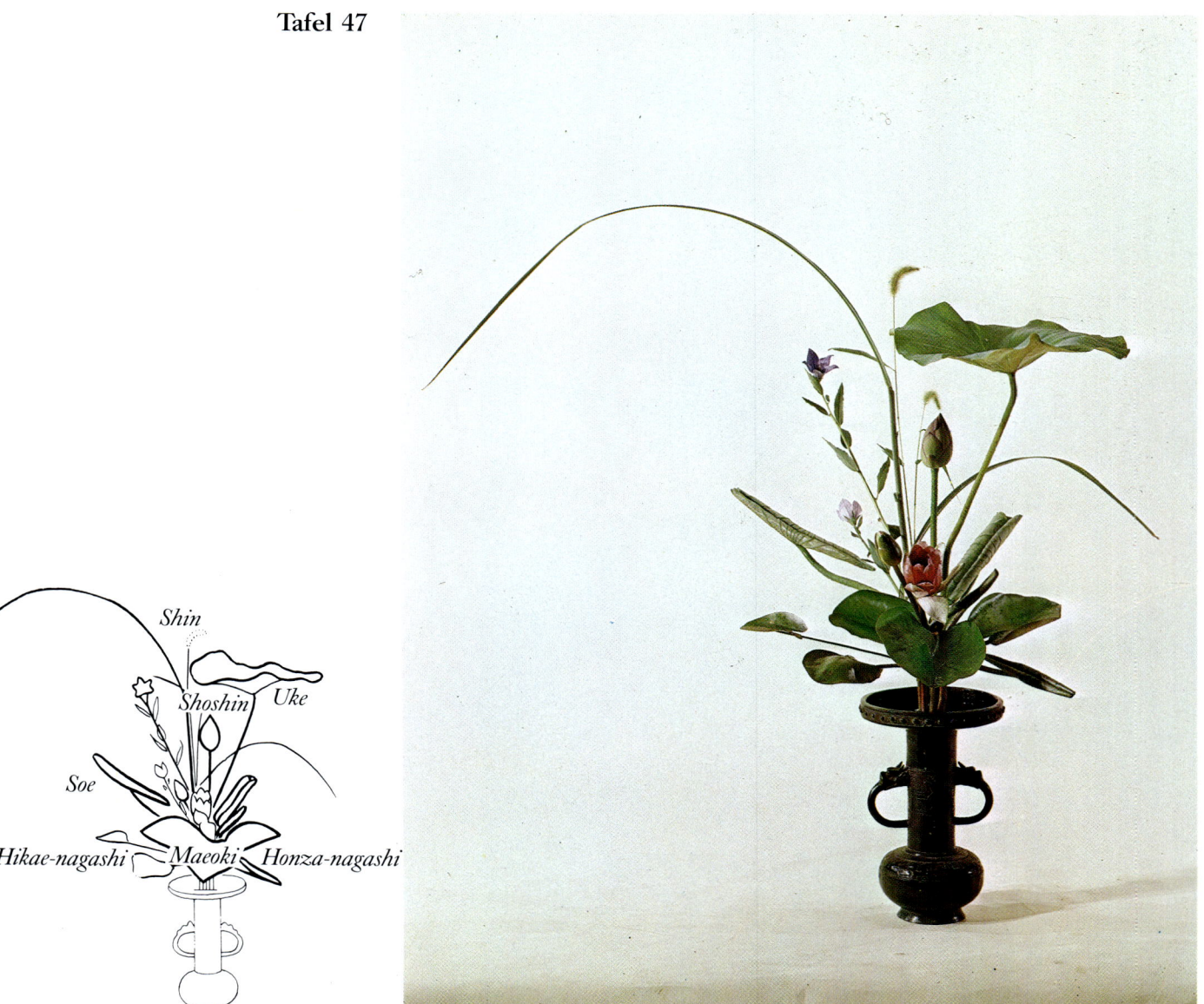

Leben

Die Narzisse, eine Symbolblume des Winters, ist in der Ikenobo-Schule besonders beliebt. Die hoch stehenden Narzissen drücken Lebenskraft aus.

Eine Narzissengruppe mit vier Blättern wurde in zwei Teile geteilt, um den Uke und den Nagashi zu bilden. Der Hikae, der normalerweise mit einer Blume gestaltet wird, verwendet nur Blätter. Die rosa Alpenveilchen mit ihren runden Blättern ziehen den unteren Teil des Arrangements zusammen und betonen dadurch die Kraft des senkrecht steigenden Shin.

Tafel 48

Material
Shin: Narzissen
Soe: Narzissen
Shoshin: Narzissen
Hikae: Narzissen
Uke: Narzissen
Nagashi: Narzissen
Maeoki: Alpenveilchen
Gefäß
schmale, gestreifte Keramikvase
Untersatz
chinesisches Bambusgestell
Form des Arrangements
Sugu-shin
rechtsseitig
Förmlichkeit: Shin

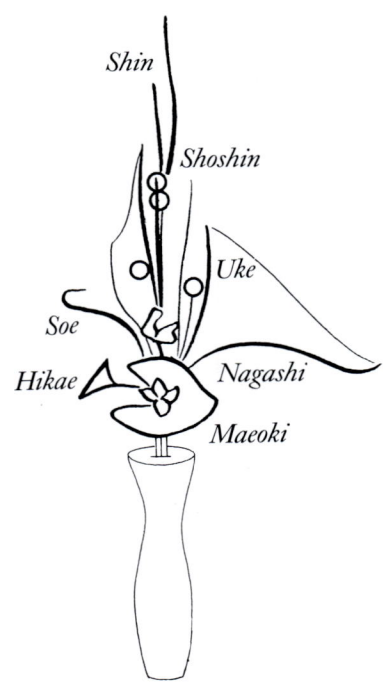

Kinderherz

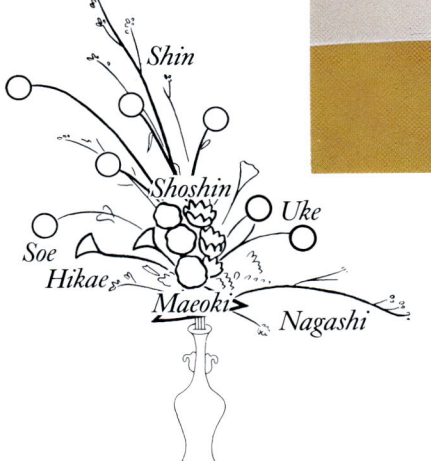

Tafel 49

Das Thema dieses Arrangements ist die Erinnerung an die Freude am Feuerwerk mit strahlendem Kinderherz. Nelken, ihre feinen Stiele und runden, hübschen Blüten – wurden mit kleinen Staticen kombiniert und in strahlender Form arrangiert.

Die klassische Bronzevase paßt gut zu den charmanten Blumen europäischer Herkunft, und durch ihre schmalhalsige Form betont sie die Bewegung dieses rhythmischen Arrangements.

Material
Shin: weiße Nelken und Statice *(Limonium vulgare)*
Shoshin: Dahlie
Uke: rote Nelken
Soe: weiße Nelken
Hikae: rosa Nelken
Maeoki: rosa und gelbe Nelken, Dahlien und Statice
Nagashi: Statice
Gefäß
schmalhalsige, goldene Bronzevase mit drachenförmigen Zierhenkeln
Form des Arrangements
Noki-shin
rechtsseitig
Förmlichkeit: Gyo (Gyo no So)

Schmetterlinge

Der Shin mit einer Orchidee *(Phalaenopsis)*, die auch als Nachtfalter-Orchidee bekannt ist, deutet die im oberen Teil des Arrangements flatternden Schmetterlinge an. Ein in Streifen zerschnittenes Blatt von Neuseeländer Flachs als Uke erinnert an einen Springbrunnen. Es wurde mit linksseitigem Nagashi (siehe Seite 140) gestaltet und das zweite Blatt von Neuseeländer Flachs breitet sich horizontal nach rechts als Hikae-nagashi aus.

Das Arrangement erinnert an einen friedlichen Garten, in dem Schmetterlinge über dem Springbrunnen flattern.

Material
Shin: Phalaenopsis »Nachtfalter-Orchidee«
Shoshin: Nelken und Hedychium
Uke: Neuseeländer Flachs
Hikae-nagashi: Neuseeländer Flachs
Honza-nagashi: Wunderstrauch
  (Codiaeum variegatum)
Soe: Wunderstrauch
Maeoki: Wunderstrauch
Gefäß
keramisches Gefäß mit vier Zierhenkeln
  (hergestellt von Sugawara Mannosuke)
Form des Arrangements
Noki-shin mit linksseitigem Nagashi linksseitig
Förmlichkeit: Gyo (Gyo no Gyo)

Tafel 50

190

Flug

Tafel 51

Dieses für Rikka ungewöhnliche Wandgesteck erinnert an einen Vogel im Flug im unendlichen Raum.

Das Gefäß ist schmal und hoch aufgehängt, deshalb gibt es die Illusion eines Fluges. Es wäre nicht passend gewesen, hier einen normalen Shin zu verwenden, deshalb wurde der Shin in hängender Form gestaltet, und der beim normalen Shoshin-Rikka nicht vorhandene Do wurde hier als Rumpf des Vogels ausnahmsweise hinzugefügt.

Material
Shin: Indischer Spinat und Blätter von Shaga
Uke: Blatt vom Feigenbaum *(Ficus pandurata)*
Shoshin: Paradiesvogelblume
Do: Levkojen und Straußfarn
Nagashi: Blätter von Shaga
Nagashi-ue: Indischer Spinat
Maeoki: Aralie
Gefäß
keramische Vase
Form des Arrangements
Noki-shin mit hängendem Shin
rechtsseitig
Förmlichkeit: So

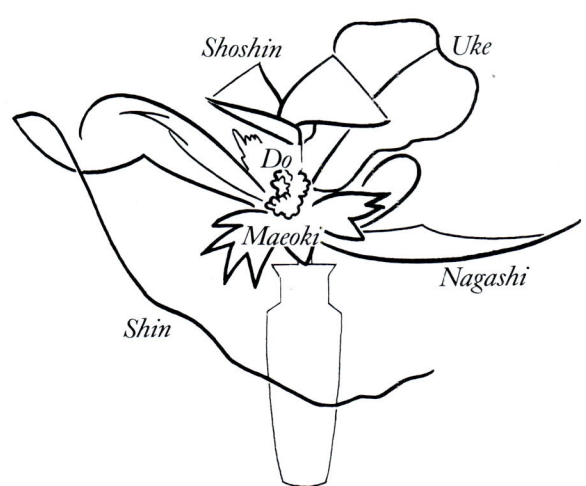

191

Maihimmel

Die hoch im Himmel schwebenden Wolken an einem schönen Tag im Mai, und die hübschen, bunten Blumen unten auf der Erde sind das Thema dieses Arrangements. Das Grundgerüst eines Rikka-Arrangements kann eigentlich nur mit hoch steigendem Shin (hier Schleierkraut) und horizontal sich ausbreitendem Nagashi (hier Gladiole) aufgebaut werden. Diese Grundkonstruktion des Rikka läßt sich hier gut erkennen.

Material
Shin: Schleierkraut
Shoshin: Enziane
Uke: Glyzinenrebe
Hikae: Glyzinenrebe
Soe: Gladiolen
Nagashi: Gladiolen
Maeoki: Kaladienblätter *(Caladium bicolor)*
Gefäß
keramische Vase mit Zierhenkeln
Form des Arrangements
Sugu-shin
rechtsseitig
Förmlichkeit: Shin (Shin no So)

Tafel 52

Alte Rikka-Zeichnungen

1. Nobori-do Otsukai vom 41. Ikenobo-Meister, Senmei (aus der Senmei-Sammlung) vgl. Tafel 5

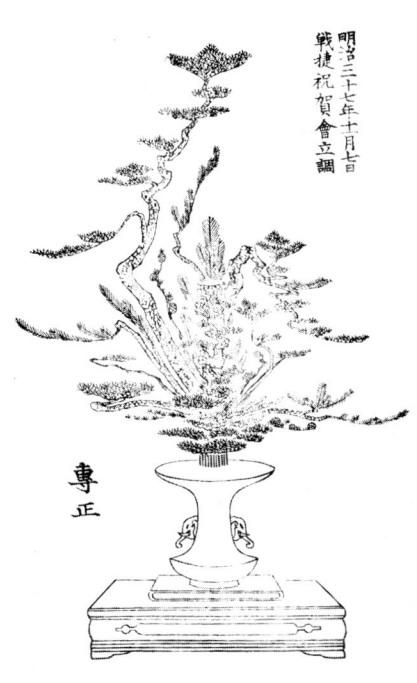

2. Uchi-mikoshi vom 42. Ikenobo-Meister, Sensho (aus der Sensho-Sammlung) vgl. Tafel 6

3. Uke-agari vom 41. Ikenobo-Meister, Senmei (aus der Senmei-Sammlung) vgl. Tafel 6

4. Ouchi-mikoshi vom 42. Ikenobo-Meister, Sensho (aus der Sensho-Sammlung) vgl. Tafel 7

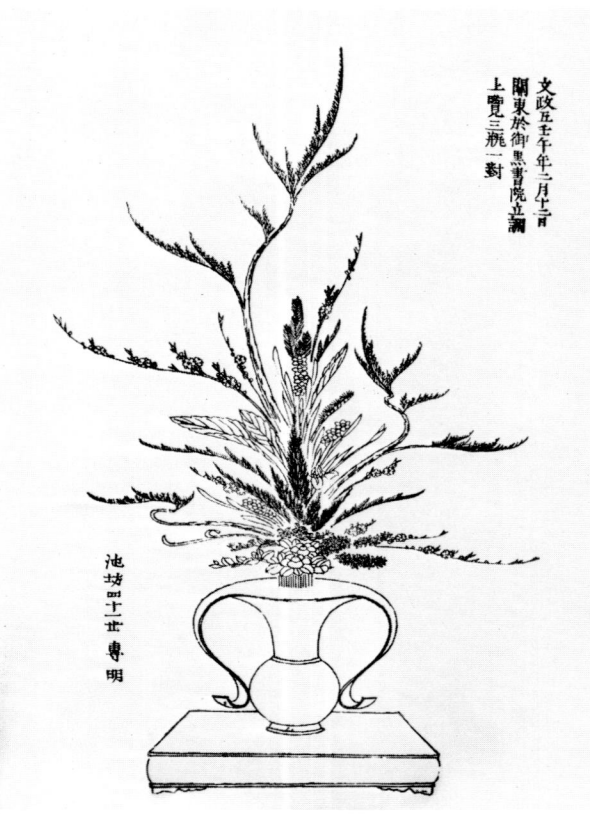

5. Suisen Nageha vom 41. Ikenobo-Meister, Senmei (aus der Senmei-Sammlung) vgl. Tafel 8

6. Fujikake Matsu vom 41. Ikenobo-Meister, Senmei (aus der Senmei-Sammlung) vgl. Tafel 9

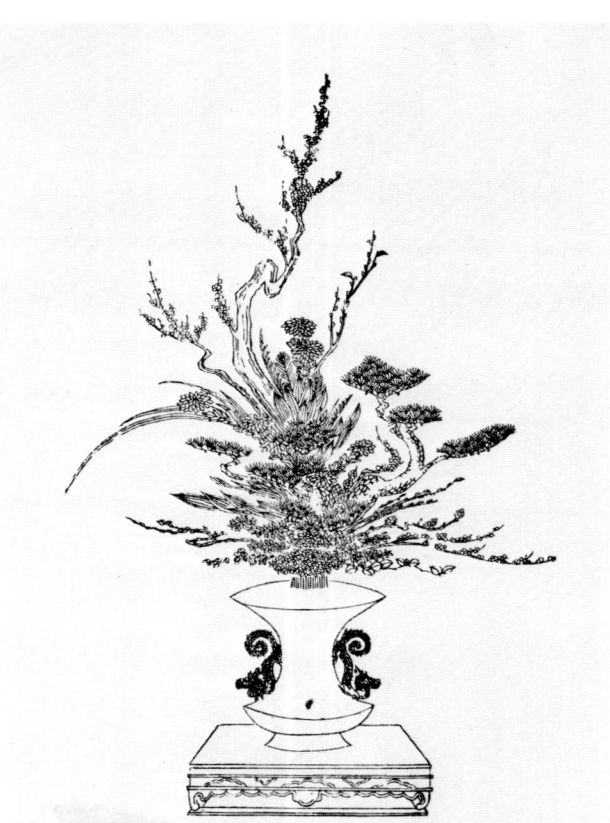

7. Susuki Hitoha vom 41. Ikenobo-Meister, Senmei (aus der Senmei-Sammlung) vgl. Tafel 10

8. Nimai Oha vom 41. Ikenobo-Meister, Senmei (aus der Senmei-Sammlung) vgl. Tafel 11

194

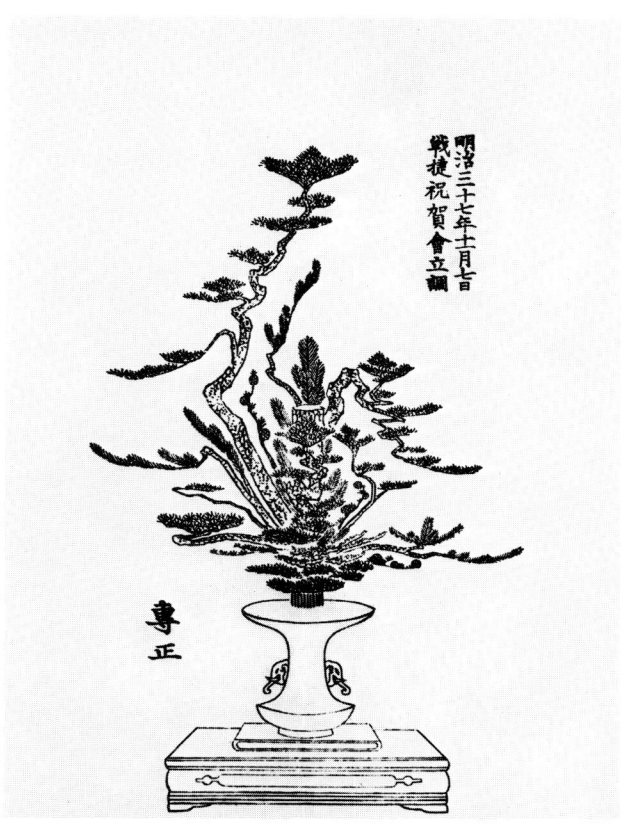

9. Matsu Isshiki vom 42. Ikenobo-Meister, Sensho (aus der Sensho-Sammlung) vgl. Tafel 13

10. Sakura Isshiki von Muto Shoan (aus dem Kashinsho) vgl. Tafel 14

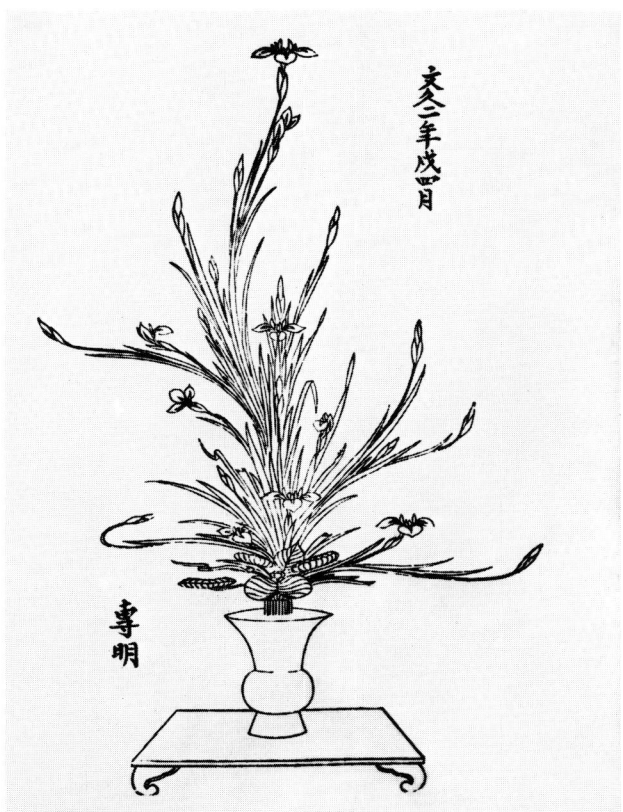

11. Kakitsubata Isshiki vom 41. Ikenobo-Meister, Senmei (aus der Senmei-Sammlung) vgl. Tafel 15

12. Hasu Isshiki vom 41. Ikenobo-Meister, Senmei (aus der Senmei-Sammlung) vgl. Tafel 16

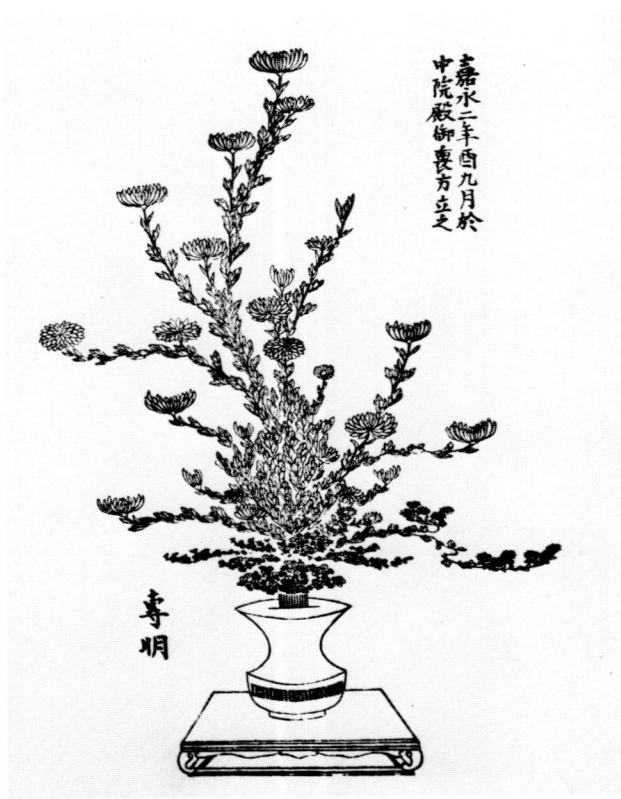

13. Kiku Isshiki vom 41. Ikenobo-Meister, Senmei (aus der Senmei-Sammlung) vgl. Tafel 17

14. Momiji Isshiki vom 41. Ikenobo-Meister, Senmei (aus der Senmei-Sammlung) vgl. Tafel 18

15. Suisen Isshiki vom 41. Ikenobo-Meister, Senmei (aus der Senmei-Sammlung) vgl. Tafel 19

16. Matsu no Do von Muto Shoan (aus dem Kashinsho) vgl. Tafel 20

弘化二年己正月會始立調
家元四十二世專明

天保十三年壬寅春
家九四十一世立調之

17. Take no Do vom 41. Ikenobo-Meister, Senmei
(aus der Senmei-Sammlung) vgl. Tafel 21

18. Botan no Do vom 41. Ikenobo-Meister,
Senmei (aus der Senmei-Sammlung) vgl. Tafel 22

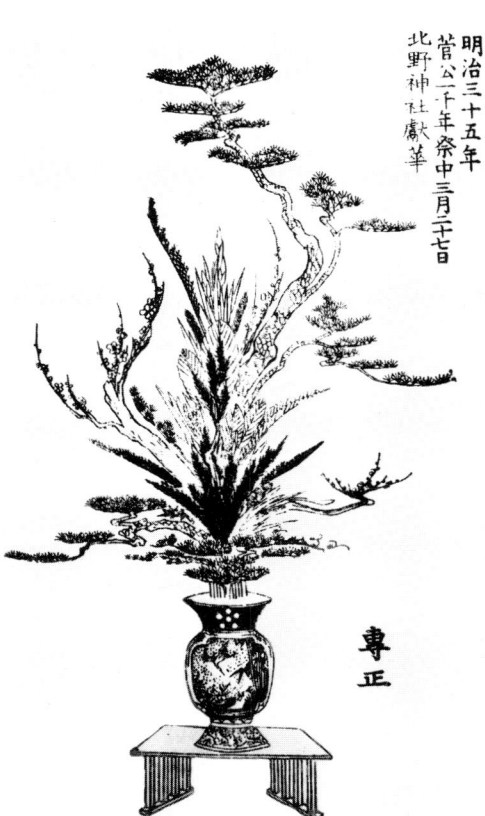

明治三十五年
菅公一千年祭中三月二十七日
北野神社獻華

專
正

19. Matsu no Maeoki vom 42. Ikenobo-Meister,
Sensho (aus der Sensho-Sammlung) vgl. Tafel 23

20. Omoto no Maeoki vom 41. Ikenobo-Meister,
Senmei (aus der Senmei-Sammlung) vgl. Tafel 24

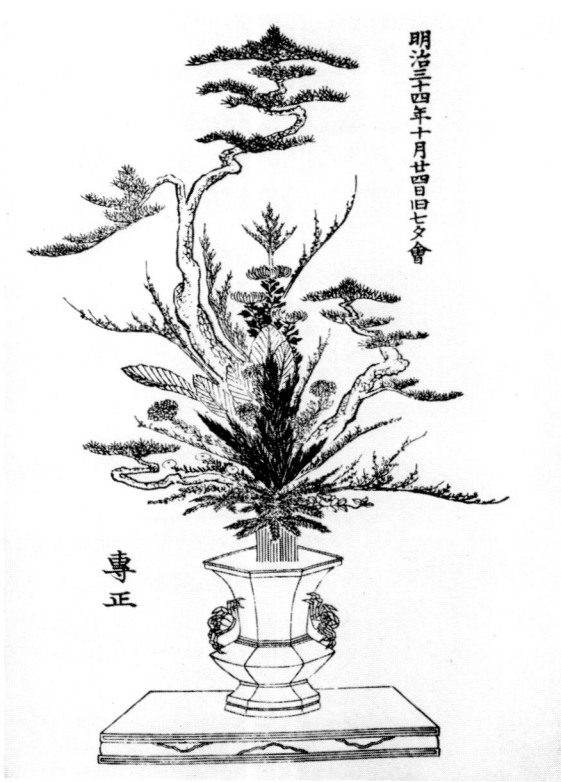

明治三十四年十月廿四日旧七夕會

專正

21. Shida no Maeoki vom 42. Ikenobo-Meister,
Sensho (aus der Sensho-Sammlung) vgl. Tafel 25

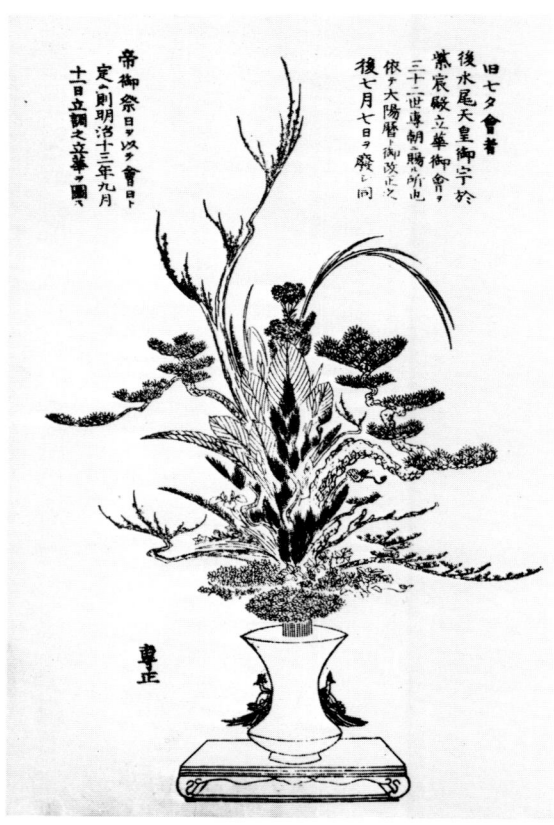

旧七夕會書

後水尾天皇御宇於

紫宸殿立華御會

三十二世專朝ノ勝所也

依ヶ大陽暦ヲ御改止之

後七月七日ヲ發ト同

帝御祭日ヲ以七夕會ト

定メ則明洛十三年九月

十日立調之立華ノ圖、

專正

22. Uke-nagashi-eda vom 42. Ikenobo-Meister,
Sensho (aus der Sensho-Sammlung) vgl. Tafel 26

第十二名賣秋

三十一世專明立調

23. Chudan-nagashi-eda vom 41. Ikenobo-Meister,
Senmei (aus der Senmei-Sammlung) vgl. Tafel 27

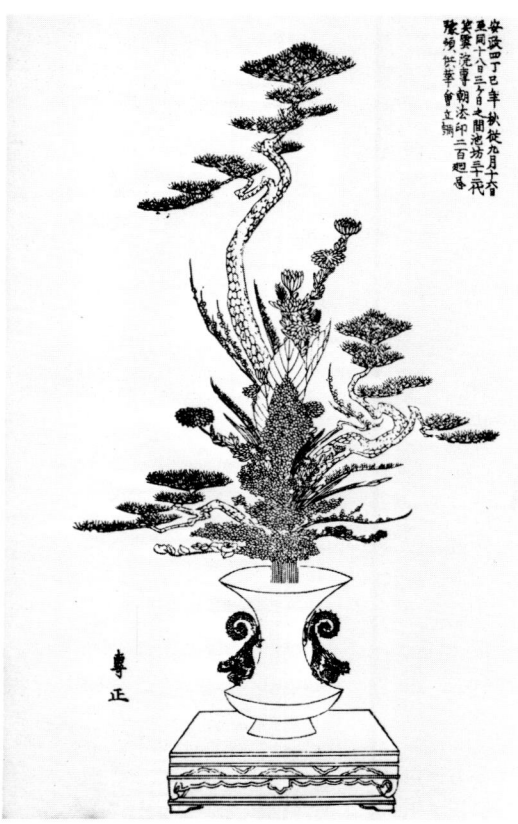

安政四丁巳年秋従九月六日

至同十八日三十日之間池坊立年代

紫宸沈華朝法卯二百廻号

隆傾低華會立調

專正

24. Hidari-nagashi-eda vom 42. Ikenobo-Meister,
Sensho (aus der Sensho-Sammlung) vgl. Tafel 28

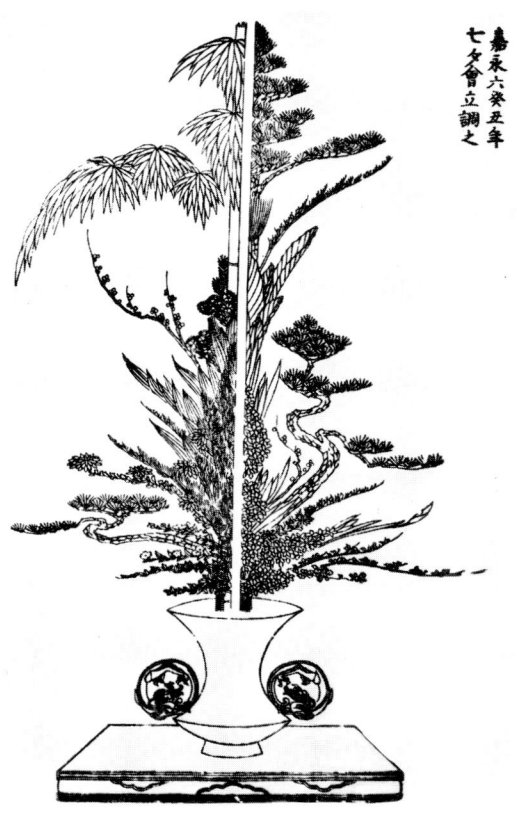

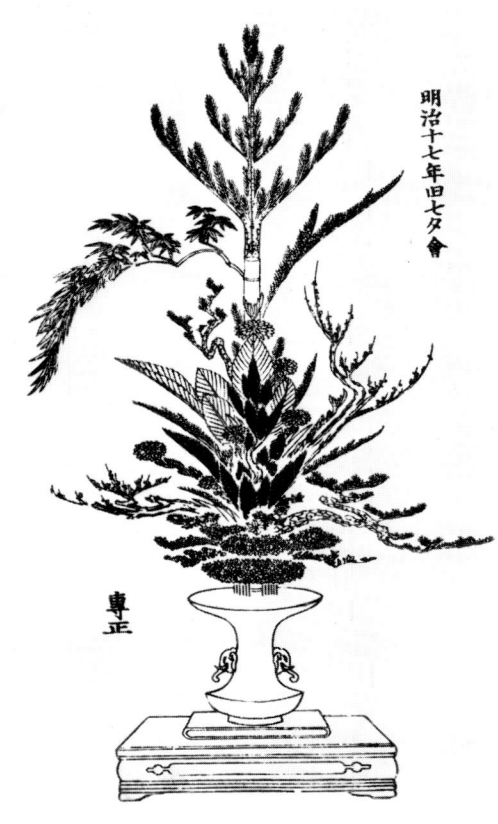

25. Futatsu-shin vom 41. Ikenobo-Meister, Senmei
(aus der Senmei-Sammlung) vgl. Tafel 29

26. Ai-jin vom 42. Ikenobo-Meister, Sensho (aus
der Sensho-Sammlung) vgl. Tafel 30

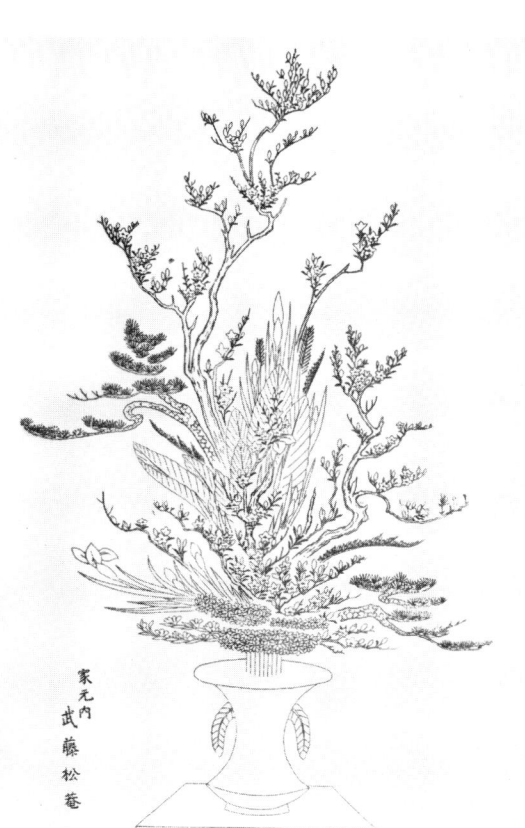

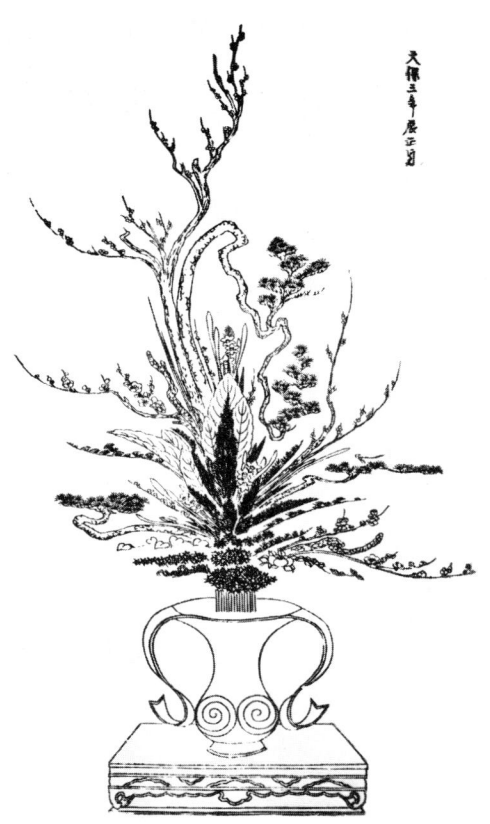

27. Dan no Tsutsuji von Muto Shoan (aus dem
Kashinso) vgl. Tafel 31

28. Tanikoshi-shin vom 41. Ikenobo-Meister,
Senmei (aus der Senmei-Sammlung) vgl. Tafel 32

文久元酉年三月專明
古稀賀延會立調之

尊正

29. Taniwatari-shin vom 42. Ikenobo-Meister,
Sensho (aus der Sensho-Sammlung) vgl. Tafel 33

Ryo

Yo

In

Ra *Gaku*

Bi

Shi

古法立華構想圖

30. Alte Bezeichnungen für die
Rikka-Komposition

Register

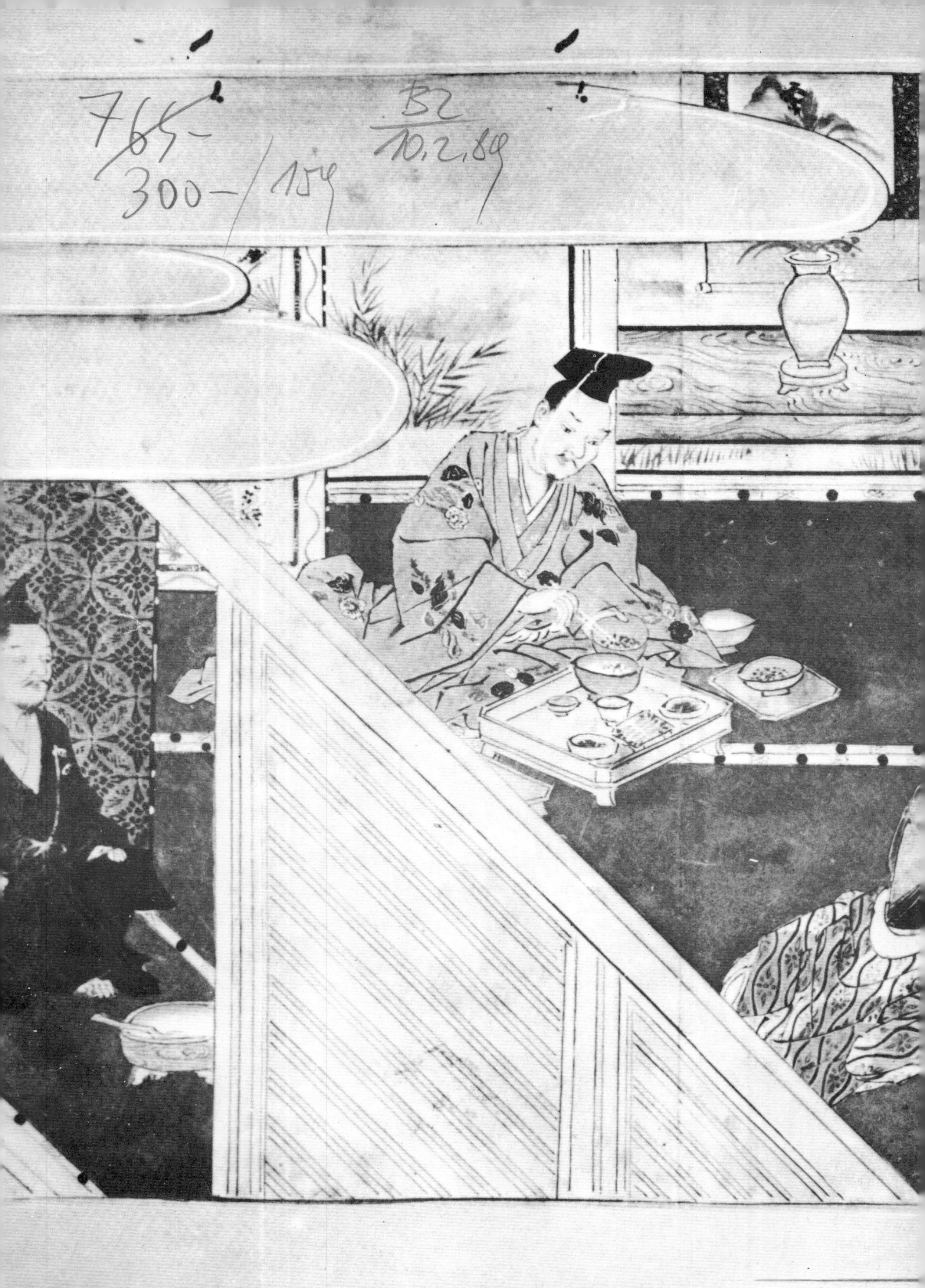